*Wir danken der Stiftung Lesen und der Deutschen Post DHL,
ohne deren Unterstützung dieses Buch nicht zustande gekommen wäre.*

Hendrik teNeues

Hellmuth Karasek

BRIEFE BEWEGEN DIE WELT

Triumphe und Tragödien des Sports

teNeues

INHALT

Wollten Sie nicht schon immer wissen, was auf jenem berühmten Zettel stand, den Torwarttrainer Andy Köpke bei der Fußball-WM 2006 hier in Deutschland Jens Lehmann vor dem Elfmeterschießen gegen die Argentinier zusteckte (S. 112)? Oder wie das wirklich war, als ein Schweizer Verein 1954 versuchte, das siebzehnjährige Hamburger Talent Uwe Seeler abzuwerben (S. 38)? Wissen Sie, wem wir das Wort „Turnen" in all seinen Ableitungen zu verdanken haben? (Nein, keinem Engländer, siehe S. 12.) Und wieso der Weltrekordläufer Armin Hary ausgerechnet von deutschen Sportfunktionären beinahe um seinen Olympiaerfolg 1960 in Rom gebracht wurde (S. 58)?

Dieser vierte Band unserer überaus erfolgreichen Buchserie „Briefe bewegen die Welt" handelt vom Sport, zitiert Briefe von berühmten Sportlern oder solche, die an Sportler adressiert waren. Es kommen viele Helden aus der Vergangenheit zu Wort, vor allem deshalb, weil ihre Briefe höchst spannende Geschichten erzählen: Von den Anfängen des Sports in Deutschland, als ein Turner von den Sicherheitsbehörden ähnlich scharf beobachtet wurde wie heute ein mutmaßlicher Terrorist. Von Zeiten, als die Staatsmacht sich vor den Körperertüchtigern schlichtweg fürchtete. Und von der Wende – die nicht nur eintrat, weil der Sport dem Körper gut tat, sondern weil er das freie Denken förderte.

Die Briefe aus der jüngeren Geschichte zeigen, dass Sport immer auch ein gesellschaftspolitisches Anliegen transportierte. Laufen, Springen und Ballspiele waren kein Selbstzweck, sie haben auf lange Sicht unsere Gesellschaft verändert. Insofern war die Furcht der Obrigkeit vor zweiundzwanzig jungen Männern, die auf eine Lederblase eintraten, sehr wohl berechtigt. Denn ihre Wettkämpfe trugen dazu bei, die Lebensverhältnisse der Arbeiter und Angestellten mit kleinem Einkommen zumindest erträglicher zu gestalten. Sie waren Unterhaltung und Ventil für aufgestauten Zorn gegen festgefahrene Strukturen im ersten Drittel des vorigen Jahrhunderts. Und für den Einzelnen bot sich die Chance, durch sportlichen Erfolg Ansehen und Einnahmen zu erzielen – Sport gab den Armen ihren Stolz zurück.

Ein derartig tiefer Umbau von Sozialstrukturen gelingt sonst nur durch Revolutionen. Mit dem einen Unterschied: Wo der Revolutionär die Toten als Zeichen seines Erfolgs zählt, begnügt sich der Sportler mit Toren, die er geschossen oder geworfen hat. Sport ist Mord? Nein. Sport ist Revolution – ganz ohne Mord.

Auch diese Briefesammlung hat unser treuer Kurator Hellmuth Karasek zusammengestellt, dem ich hier erneut für seinen Einsatz danken möchte. Ich wünsche Ihnen viel Freude bei der Lektüre.

Jürgen Gerdes
Konzernvorstand Brief Deutsche Post DHL

Der erste Postbote, der ein „Blitztelegramm" von Marathon nach Athen brachte, war ein Heroe. Er soll 490 vor Christus nach dem Sieg der Athener unter Miltiades über die Perser mit der unerwarteten, unwahrscheinlichen Siegesmeldung losgestürzt und in Athen nach einer Strecke von rund 40 Kilometern im Anschluss an die Verkündung der Siegesmeldung tot zusammengebrochen sein.

Es war ein triumphaler Sieg und eine der wichtigsten je übermittelten Nachrichten. Die Herrschaft der Griechen und ihrer Nachfolger, der Römer, also der Sieg des Okzidents über den Orient, dauerte danach noch fast zweitausend Jahre, bis Byzanz unter dem Ansturm der Osmanen zusammenbrach.

Diese Tat, die Historiker eher in das Reich der Legende verbannen, weil sie bei den antiken Geschichtsschreibern nicht zuverlässig überliefert wird, sollte ihre Wiederauferstehung bei der Wiederauferstehung der Olympischen Spiele nach antikem Muster feiern. 1896 fanden die ersten Olympischen Spiele der Neuzeit – wo wohl? – in Athen statt. Und schon 1908, als man die Streckenlänge erstmals zwischen Windsor und London ausmaß, wurde dieser längste olympische Laufwettbewerb veranstaltet. Seit 1924 ist der Marathonlauf olympische Disziplin, bis 2003 jedoch gab es keine offiziellen Rekorde. Zwar konnte man die Strecke genau nach dem Metermaß ausrechnen, aber man fand die Bodenverhältnisse in den verschiedenen Orten und Weltteilen zu verschieden und registrierte daher bis 2003 nur „Bestleistungen".

Die Olympischen Spiele im Altertum waren Festspiele in Olympia zu Ehren des Zeus. Während der Spiele und während der Vorbereitungszeit herrschte der olympische Frieden, der sogenannte „Gottesfriede". Die Sieger der Sportarten (am berühmtesten waren in der Antike die Ringer) erhielten einen Ölzweig, der bis heute auch als ein Symbol des Friedens gilt: Die Friedenstaube trägt den Ölzweig zum Zeichen der friedlichen Versöhnung im Schnabel. Die Brieftaube ist die nächste Verwandte der Friedenstaube. Beide sind im Zustelldienst tätig.

Als die Spiele der Neuzeit begannen, hatte Coubertin nicht nur den Wettkampf des „Höher, schneller, weiter!“ im Sinn, sondern auch den friedlichen Wettstreit als Substitut für die kriegerische Auseinandersetzung. Pech nur für die Olympiade, die nun alle vier Jahre in allen Erdteilen ausgetragen wurde, dass ihre modernen Anfänge in die kriegerische und mörderische erste Hälfte des 20. Jahrhunderts fielen. Im Krieg ruhten die Spiele. 1916 fiel die für Berlin geplante Olympiade aus. Ebenso wurden 1940 die zunächst für Tokio und später für Helsinki geplanten Spiele abgesagt, und 1944 die für London vorgesehenen.

Auch die deutsche Nachkriegsgeschichte, der Kalte Krieg, die deutsche Teilung und die Wiedervereinigung spiegeln sich in der Geschichte der Olympischen Spiele. Briefe dazu sind wichtige Zeugnisse, wie sich politische Auseinandersetzungen im gewaltigen Brennspiegel der Olympiaden wiederfinden.

Ein gewaltiger Spiegel! 1936, bei der Berliner Olympiade, die Hitler nicht ohne Erfolg zu einer „Propaganda-Schau“ des Dritten Reichs umzufunktionieren suchte, gab es zum ersten Mal (auch dies ein historisches telekommunikatives Ereignis) Fernsehübertragungen. Innerhalb Berlins konnte man Olympia erstmals auf einem Bildschirm verfolgen.

Wie so viele Ereignisse die Frage nach dem Primat von Ei oder Henne aufwerfen, kann man sagen, dass erst die Olympiade das Fernsehen geboren hat, und dann das Fernsehen die Olympiade zum weltumspannenden TV-Mega-Ereignis umgeformt hat. „Das Medium ist die Message“, das Fernsehen hat sich des Sports bemächtigt. Das gilt inzwischen für Fußballweltmeisterschaften wie für Grand-Slam-Tennisturniere, von Australien bis Wimbledon, von Los Angeles bis Tokio und Peking.

Sport, früher eine Leistungsshow, ist inzwischen, mit allen Vorzügen und Nachteilen, zum größten Unterhaltungs- und Werbeinstrument in der globalen Welt geworden. Dieser Band spiegelt die Ereignisse, wie sie sich von den spektakulärsten Schauspielen der Neuzeit überliefert haben, also „verbrieft“ sind.

Als da sind: Die Doping-Skandale, die der Unerbittlichkeit des Höchstleistungssports folgen wie der Kometenschweif dem Kometen. Man kann, wie gesagt, in der Geschichte der sportlichen Großereignisse und in ihrem brieflichen Niederschlag die Nachkriegsgeschichte Deutschlands mit ihren Triumphen, terroristischen Exzessen und Niederlagen auf das Genaueste verfolgen. Da spiegelt sich der Streit, welche deutsche Mannschaft unter Nationalhymnenklang und -flagge einziehen darf und soll, da treten zwei deutsche Staaten in Wettbewerben gegeneinander an, wobei auch Anabolika-Schlachten geführt werden. 1952 trat die DDR zu den Olympischen Spielen in Helsinki und Oslo nicht an. 1956 gab es erste olympische Boykotte wegen der Suezkrise und des Volksaufstands in Ungarn. Südafrika wurde aufgrund seiner Apartheidpolitik von den Spielen 1964 in Tokio ausgeschlossen, Rhodesien von denen 1972 in München.

Bei den Münchner Spielen kam es zu einem furchtbaren palästinensischen Terrorangriff. Elf Mitglieder der israelischen Mannschaft wurden als Geiseln genommen. Diese Geiselnahme endete in Fürstenfeldbruck in einem mörderischen Desaster. Dabei hatte der Münchner Oberbürgermeister Vogel gerade durch die friedliche Idee der Olympischen Spiele auch den nationalsozialistischen Hautgout von München, das die Nazis zur „Hauptstadt der Bewegung“, zum Zentrum des braunen Terrors und Kulturterrors gemacht hatten, beseitigen wollen. München wurde zum Symbol des Schreckens, den Propagandaterror, Bürger- und Religionskriege in eine olympische Welt tragen.

Wie gesagt, seit 1936, wo unter anderem Leni Riefenstahl ihre Olympiafilme drehte, ist die Erinnerung und also auch die in Briefen dokumentierte Erinnerung ein Zeichen dafür, wie untrennbar der Sport und die globalisierte Welt einander anziehen und abstoßen, zu bestätigen und widerlegen suchen. Wie andere Zeugnisse halten auch Briefe die düstersten und schönsten Stunden sportlicher Ereignisse fest, sie sind parteiliche und gleichzeitig unbestechliche schriftliche Zeugen.

Das gilt ebenso für das kurze Sommermärchen der Fußballweltmeisterschaft von 2006, das gilt für die Fußball-WM in Südafrika, und das gilt auch dafür, dass der Sport – wie sonst nur die Popmusik oder der Hollywoodfilm – für eine moderne Idolatrie herausragender Sportler sorgt. So ein Idol wurde Franz Beckenbauer, den der Volksmund „Kaiser Franz" nennt und der sowohl als spielmachender Spieler wie auch als Trainer die Deutschen einmal geteilt und einmal wiedervereint zur Weltmeisterschaft geführt hatte. Nachdem es ihm gelungen war, die WM 2006 nach Deutschland zu holen, bescheinigte man ihm auch noch, dass er „im Sommermärchen" für das „Kaiserwetter" gesorgt hatte. „Kaiserwetter", das war vor Beckenbauer eine hohenzollerische Werbebehauptung für Wilhelm den Zwoten. Nun aber war das Kaiserwetter zu Beckenbauer hinübergezogen. Selbst so viel vermag der Sport und bestätigt es in Briefen.

Eine Kehrseite dieser Medaille ist die gnadenlose Jagd nach übermenschlichen Höchstleistungen, die sich bei fast allen Sportarten in auffliegenden Doping-Skandalen niederschlägt. Die leidvollen Abstürze von Sportlern wie dem Tour-de-France-Sieger Jan Ullrich zeigen, dass der Sport, so oder so, nicht nur unerbittlich abhärtet, sondern auch ein moderner Sklaventreiber ist.

In der antiken Olympiade durften nur die Freien (das heißt die Zensus und Steuer zahlenden Bürger) an den Spielen teilnehmen. Zur Belohnung gab es neben dem Ölzweig aber durchaus schon Privilegien. Athenische Sieger waren danach lebenslänglich steuerfrei und bekamen im Athener Stadthotel einen lebenslangen Freitisch zum Mittagessen oder Abendbrot. Ob mit oder ohne Feta-Käse, ist nicht überliefert. Eine Euro-Bürgschaft gab es damals lange noch nicht.

Hellmuth Karasek

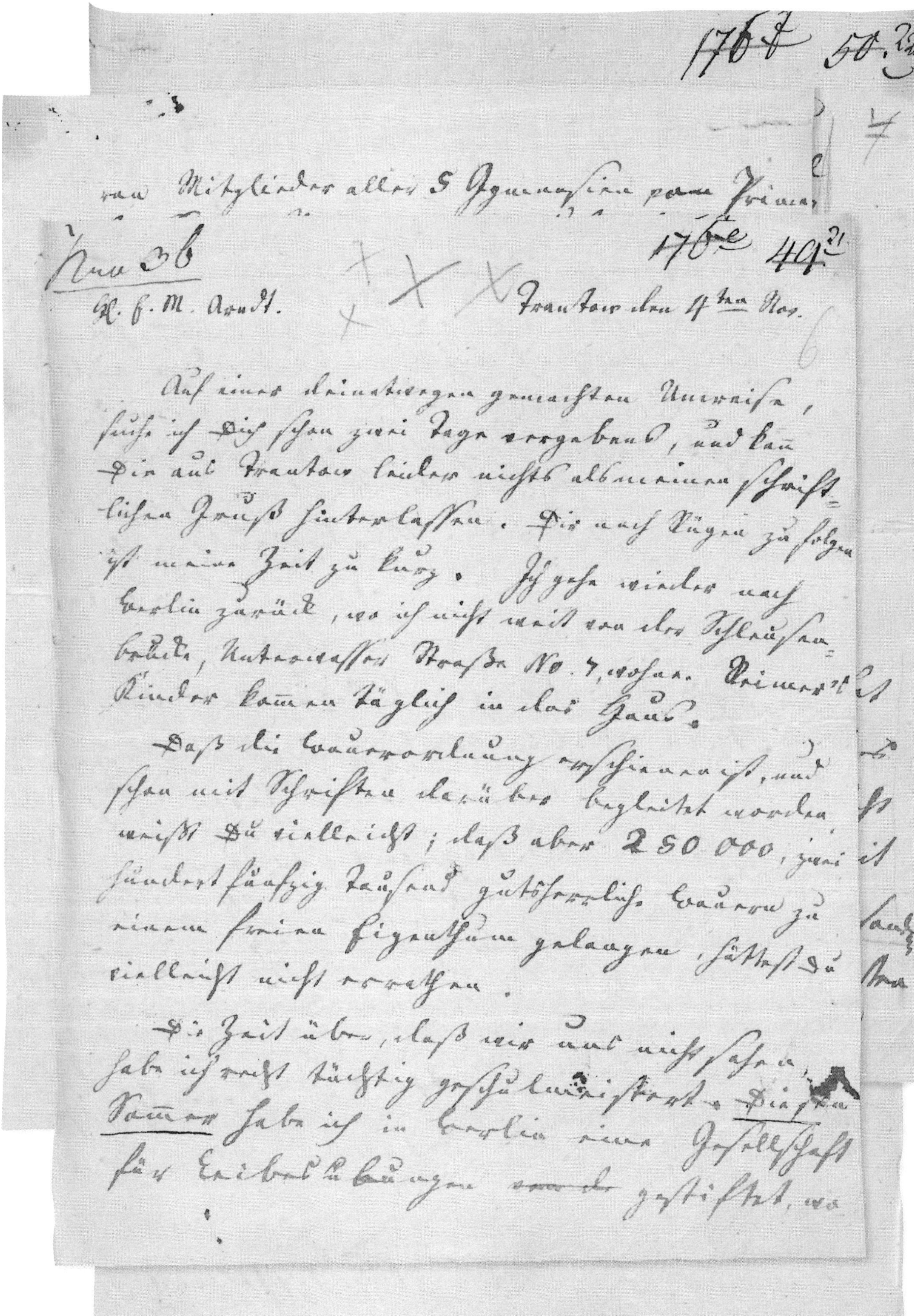

No 36 — 170e — 49

H. E. M. Arndt. — Trantow den 4ten Nov.

Auf einer [illegible] gemachten Umreise, suche ich Dich schon zwei Tage vergebens, und kann Dir aus Trantow leider nichts als meinen schriftlichen Gruß hinterlassen. Dir nach Rügen zu folgen ist meine Zeit zu kurz. Ich gehe wieder nach Berlin zurück, wo ich nicht weit von der Schleusenbrücke, Unterwasser Straße No. 7, wohne. Reimers Kinder kommen täglich in das Haus.

Daß die Bauernverordnung erschienen ist, und schon mit Schriften darüber begleitet worden, weißt Du vielleicht; daß aber 250 000, zwei hundert fünfzig tausend gutsherrliche Bauern zu einem freien Eigenthum gelangen, hättest Du vielleicht nicht erwartet.

Die Zeit über, daß wir uns nicht sahen, habe ich recht tüchtig geschulmeistert. Voriges Jahr habe ich in Berlin eine Gesellschaft für Leibesübungen ~~[illegible]~~ gestiftet, wo

FRIEDRICH LUDWIG JAHN an Ernst Moritz Arndt

Trantow den 4ten Nov. [1811]

H[errn] E[rnst] M[oritz] Arndt.

Auf einer deinetwegen gemachten Umreise, suche ich Dich schon zwei Tage vergebens, und kann Dir aus Trantow leider nichts als meinen schriftlichen Gruß hinterlassen. Dir nach Rügen zu folgen ist meine Zeit zu kurz. Ich gehe wieder nach Berlin zurück, wo ich nicht weit von der Schleusenbrücke, Unterwasser Straße No. 7, wohne. Reimer's Kinder kommen täglich in das Haus.

Daß die Bauernordnung erschienen ist, und schon mit Schriften darüber begleitet worden, weißt Du vielleicht; daß aber 250 000, zwei hundert fünfzig Tausend gutsherrliche Bauern zu einem freien Eigenthum gelangen, hättest Du vielleicht nicht errathen.

Die Zeit über, daß wir uns nicht sahen, habe ich recht tüchtig geschulmeistert. Diesen Sommer habe ich in Berlin eine Gesellschaft für Leibesübungen gestiftet, woran Mitglieder aller 5 Gymnasien von Prima bis Sexta Theil nehmen, außerdem andere Schüler, selbst Studenten und andere junge Leute. Da diese Gesellschaft kein anderes Einkommen hat, als die Beiträge ihrer Mitglieder, so werden Marken ausgegeben, von denen ich Dir Eine überschicke.

Laß mir doch gelegentlich wissen, welche Äste und Zweige das alte Stammwort Turn in den Nordischen Schwestersprachen getrieben, und welche davon noch leben. Stur, kampfstark; ansturen, mit einem Kampfblick ansehen; Sturm, die höchste Kraftäußerung lebender und todter Gewalten, sind ja bei uns noch Erinnerungen alter Zeiten. Im Allemannischen heißt Torner (Tyro) ein Kriegslehrling. Turner, ist ein bekanntes Deutsches Geschlecht.

Solltest Du wirklich nach der Donau ziehen, so laß mir den 2ten Theil deines Posaunenrufs, wie ich es am liebsten nennen. So viel bin ich Dir doch wohl auch werth, wie der Hauptmann v. Horn? Kommst Du nach Berlin, so gehe ja nicht [an] dem Vertheidiger von Colberg vorbei.

Du hältst nicht viel von Berlin; es ist seit Deiner Abreise merkl. Deutscher dort geworden. Luden hat in seiner Staatsweisheit ein wahres Wort gesprochen: „Es kann davon nicht mehr die Rede sein, daß eine Einheit gebildet werden müsse und solle; sondern nur von [wo] aus sie zuerst (und am besten ausgehen) könne." Ein Richtstaat um den Punkt des Archimedes zu finden.

Schreibe mir wenn Du Zeit und Lust hast unter dem Umschlag: „Glasmeister Strecker zu Klockow, über Strelitz".

Lebe wohl. Auf Wiedersehen.
Friedrich Ludwig Jahn.

Friedrich Ludwig Jahn, der „Turnvater", ist den meisten als Erfinder der Turnbewegung bekannt. Weniger Menschen wissen, dass er, ausgehend von seiner Wortschöpfung „Turnen", eine ganze Kunstsprache kreierte, deren Begriffe wir noch heute verwenden.

Im Juli 1811 schrieb er einem Freund, „die ganze Sprache" müsse für seine Zwecke „erst umgeschaffen werden", und gab eine Kostprobe des neuen Wortschatzes: darunter „Turner", „Turnplatz", „Turnstunde", „Vorturner". So stattete Jahn seine neue Bewegung der Leibeserziehung mit einer eigenen Fachterminologie aus. Genau das hatte er nämlich im Sinn: eine Fachsprache fürs Volk zu entwickeln, passend zur neuen Volksbewegung. Denn zu dieser Zeit hatte er in der bei Berlin gelegenen Hasenheide einen Turnplatz errichtet, der sich bereits im ersten „Turnsommer" zu einem Publikumsmagneten entwickelte.

Über die Macht der Worte wurde und wird viel geforscht. Auch über die Art und Weise, wie sich Worte im

FRIEDRICH LUDWIG JAHN wurde am 11. August 1778 in Lanz bei Lenzen in eine Pfarrersfamilie geboren. Nachdem er lange Zeit von seinem Vater unterrichtet worden war, ging er ab dem Alter von dreizehn Jahren erst in Salzwedel, später in Berlin aufs Gymnasium, das er jedoch 1795 ohne Abschluss wieder verließ. Unstet ging es weiter. Ab 1796 studierte er in Halle Theologie, wechselte aber in den folgenden Jahren mehrfach die Studienfächer und die Hochschule. Immer wieder fiel Jahn während seiner Studienzeit negativ auf, wurde unter anderem wegen Prügeleien belangt, 1803 der Universität Greifswald und schließlich 1806 der Universität Göttingen, die er zuletzt besuchte, ohne Abschluss verwiesen. Nach einigen Wanderjahren zog er 1809 nach Berlin und arbeitete als Hilfslehrer an verschiedenen Schulen. Da er die Lehramtsprüfung nicht bestand, blieb Jahn die erhoffte Festanstellung im staatlichen Schuldienst versagt. Nach dem Ende der Befreiungskriege erhielt er als Leiter des Berliner Turnplatzes ein staatliches Jahresgehalt.

1810 rief Jahn gemeinsam mit seinem Freund Friedrich Friesen den „Deutschen Bund" ins Leben, einen Geheimbund, der als Vorläufer der Burschenschaften gilt. Im selben Jahr veröffentlichte er die Schrift „Deutsches Volksthum", die rassistische, antisemitische und nationalistische Aussagen enthält.

Kopf festsetzen – oder eben nicht. Linguisten, Demagogen und Werbeprofis können ein Lied davon singen, wie das richtige Wort zur richtigen Zeit die Welt aus den Angeln heben kann. Oder wie es ungehört vorüberzieht, wenn es doch das falsche Wort war. Jahn war kein Werbeprofi und kein Geschäftsmann. Er wollte sein Konzept der Leibesübungen aus dem engen Raum der Schule in die Öffentlichkeit tragen, eine Volksbewegung initiieren, und das gelang ihm auch über den neuen Begriff „Turnen", der so einfach zu merken war. Und der so deutsch klang. Denn das war dem glühenden Patrioten wichtig, der das „Deutsche Volksthum" auch durch den Einfluss der französischen Sprache gefährdet sah. Nicht zufällig erkundigte sich der Turnvater in seinem Brief bei dem befreundeten Schriftsteller und nationalen Ideologen Ernst Moritz Arndt nach der Etymologie des Wortes „Turn". Um den nationaldeutschen Charakter seiner Erfindung zu unterstreichen, gab er seinem 1816 gemeinsam mit Ernst Eiselen herausgegebenen Turnlehrbuch den Titel „Die Deutsche Turnkunst". Darin heißt es: „Warum auch bei fremden Sprachen betteln gehn, und im Ausland auf Leih und Borg nehmen, was man im Vaterlande reichlich und besser hat." Die Redewendung aus dem Studentenleben des 16. Jahrhunderts, „Frisch, frey, fröhlich, frumb – ist der Studenten Reichthumb!", wandelte er ab zu dem griffigen Turner-Slogan: „Frisch, frey, fröhlich und fromm – ist des Turners Reichthum", der sich bis in die Gegenwart als „Frisch, fromm, fröhlich, frei" gehalten hat.

Jahns Konzept ging auf: Sein Turnplatz, der in mancher Hinsicht an einen heutigen Abenteuerspielplatz erinnert, zog die Berliner Schuljugend schnell in ihren Bann und wurde in den nächsten Jahren zum Vorbild vieler Turnplatzgründungen, insbesondere in Nord- und Mitteldeutschland. Jahn selbst bezifferte im Jahre 1818 die Anzahl der „Turngemeinden" in ganz Deutschland auf 150 und die der Turner auf 12 000.

Für diese Erfolge waren aber nicht allein Jahns Gespür für die Wirkung von Sprache und – wie es heute genannt würde – geschicktes Marketing verantwortlich.

Als Jahn 1811 seinen öffentlichen, für Teilnehmer aus allen Gesellschaftsschichten zugänglichen Turnplatz errichtete, konnte er auch auf Erfahrungen zurückgreifen, die er in der Zeit von 1803 bis 1805 als Hauslehrer in Mecklenburg gemacht hatte. Bereits da hatte er Leibesübungen in seinen „Lehrplan" integriert. Zudem dienten ihm der von Johann Christoph GutsMuths geleitete Gymnastikplatz und dessen bereits 1793 veröffentlichtes Werk „Gymnastik für die Jugend" als Anregung.

Jahn dachte sich den Turnplatz als freie, unabhängige und selbstständige Einrichtung, die neben der Schule existieren sollte. Das war mit den Vorstellungen des Kultusministeriums allerdings unvereinbar, das den Turnbetrieb in das Schulleben integrieren wollte. Auch war das Treiben auf den Turnplätzen besorgten Eltern zunehmend ein Dorn im Auge, staatliche Stellen sahen darin die Keimzellen für einen revolutionären Umsturz.

Nach der Ermordung des Schriftstellers August von Kotzebue durch den Burschenturner Carl Ludwig Sand wurde Jahn 1819 inhaftiert. Nach seiner Freilassung 1825 war er keineswegs ein freier Mann, sondern musste sich bis zu seiner vollständigen Begnadigung durch den preußischen König im Jahr 1842 in regelmäßigen Abständen bei der Polizei melden, die sein Alltagsleben in diesen Jahren genau beobachtete, um Jahn nicht wieder die Möglichkeit zu geben, auf die Jugend einzuwirken. Er durfte sich deshalb auch nicht mehr in einer Universitäts- oder Gymnasialstadt aufhalten. Jahn lebte seit 1825 mit kurzen Unterbrechungen bis zu seinem Tod in seiner Wahlheimat Freyburg an der Unstrut.

Mit 70 Jahren wurde er 1848 als Abgeordneter in die Frankfurter Nationalversammlung gewählt. Vier Jahre später, am 15. Oktober 1852, starb Friedrich Ludwig Jahn. Die Turner errichteten ihm in Freyburg ein Ehrengrab, das im Rahmen der Olympischen Spiele 1936 in den Ehrenhof seines früheren Wohnhauses am Schlossberg verlegt wurde.

ERNST MORITZ ARNDT wurde am 26. Dezember 1769 in Groß Schoritz auf Rügen geboren. Sein Vater hatte sich einige Monate zuvor aus der Leibeigenschaft herausgekauft und war als Inspektor auf dem Gut seines ehemaligen Leibherrn angestellt. Später pachtete die Familie ein eigenes Gut auf Rügen. Ernst Moritz Arndt genoss wie Friedrich Ludwig Jahn zunächst Privatunterricht und wurde 1787 auf das Gymnasium nach Stralsund geschickt. Ab 1791 studierte Arndt unter anderem Theologie und Geschichte an der Universität in Greifswald und später in Jena. Anschließend begab sich Arndt 1798 für anderthalb Jahre auf Reisen und erkundete unter anderem Frankreich, Italien, Österreich und Ungarn. Er kehrte an die Universität Greifswald zurück, legte dort sein Magisterexamen ab und verteidigte seine Dissertation, in der er sich mit den Ideen Jean-Jacques Rousseaus auseinandersetzte. 1801 heiratete er die Professorentochter Charlotte Quistorp, die noch im selben Jahr nach der Geburt des gemeinsamen Sohnes Karl Moritz starb.

Ernst Moritz Arndt übernahm nun zunächst einen Lehrauftrag als Privatdozent, bevor er 1806 eine Professur für Geschichte an der Universität Greifswald erhielt. Kurze Zeit später musste er jedoch vor den Truppen Napoleons fliehen. Wie Jahn – und viele seiner Zeitgenossen – hatte Arndt einen ausgeprägten Hass auf den französischen Kaiser entwickelt, den er nicht für sich behielt. In seinen Schriften propagierte er in drastischer Sprache einen etwas diffusen Patriotismus und den Kampf gegen die Franzosen. Er ging ins Exil nach Schweden und blieb dort bis 1809. Nach seiner illegalen Rückkehr bewegte sich Arndt in patriotischen Kreisen, zu denen auch Friedrich Ludwig Jahn gehörte. 1812 wurde Arndt Privatsekretär des Freiherrn vom Stein und folgte ihm nach Sankt Petersburg. Dort verfasste er Flugblätter und Lieder gegen die napoleonische Besatzung und versuchte, das Volk zum Aufstand gegen Napoleon zu ermuntern. In einem seiner bekanntesten Gedichte definierte er „des Deutschen Vaterland“: „wo jeder Franzmann heißet Feind, wo jeder Deutsche heißet Freund“. 1818 erhielt Arndt eine Professur für Geschichte in Bonn, wurde jedoch wegen seiner politischen Ansichten bereits zwei Jahre später vom Lehrstuhl entfernt. Bis 1840 durfte er die Position nicht mehr innehaben, dann verbesserte sich seine Situation aufgrund der neuen politischen Lage. Friedrich Wilhelm IV. begnadigte ihn und Arndt wurde zum Rektor der Bonner Universität. Zugleich arbeitete er an einer Auswahl seiner Schriften, die zwischen 1845 und 1855 unter dem Titel

Wie der Wegbereiter der modernen Leibeserziehung Johann Christoph GutsMuths und andere Philanthropen orientierte sich Jahn an einem ganzheitlich-humanistischen Bildungsverständnis: „Die Turnkunst soll die verloren gegangene Gleichmäßigkeit der menschlichen Bildung wiederherstellen, der bloß einseitigen Vergeistigung die wahre Leibhaftigkeit zuordnen.“ Anders als GutsMuths hatte Jahn jedoch erkannt, dass dieses Ziel in der Schule, die Jugendlichen keine Freiräume zur Selbstentfaltung und Selbstständigkeit ließ, nicht zu verwirklichen war. In der „Turngemeinde“, die sich selbst ihre Regeln gab, sollte sich – unabhängig von Elternhaus und Schule – ein freies Jugendleben entwickeln. Für seine Turner hielt Jahn ein breites Bewegungs- und Übungsangebot bereit, das durch Geländespiele ergänzt wurde. Die Standesunterschiede wurden durch die grauleinene Turntracht aufgehoben, das brüderliche „Du“ sollte den Umgang miteinander bestimmen.

Jahns Turnen war jedoch nicht reiner Selbstzweck. Seine Leibesübungen dienten auch und vor allem der Wehrertüchtigung. So betonte er, „daß des deutschen Knaben und des deutschen Jünglings höchste und heiligste Pflicht ist, ein deutscher Mann zu werden und geworden zu bleiben, um für Volk und Vaterland kräftig zu wirken.“ Auf dem Turnplatz als einem wichtigen Ort nationaldeutscher Gesinnungserziehung sollten wichtige Grundlagen für politische Veränderungen geschaffen werden, die die Beseitigung der Kleinstaaterei und die Errichtung eines deutschen Nationalstaates unter Führung Preußens zum Ziel hatten. Um dieses Ziel zu erreichen, musste zunächst die Vorherrschaft Napoleons in Europa gebrochen, Preußen von französischer Besatzung befreit werden. Insofern betrachtete Jahn den Turnplatz zunächst auch als einen wichtigen Ort zur geistigen und körperlichen Vorbereitung der männlichen Jugend auf den antifranzösischen Befreiungskampf. Daran nahm er 1813 auch aktiv teil und schloss sich gemeinsam mit einigen älteren Turnern dem Freikorps Lützow an.

„Ernst Moritz Arndts Schriften für und an seine lieben Deutschen" erschien. 1848 und 1849 saß Arndt wie sein Wegbegleiter Jahn in der Frankfurter Nationalversammlung und vertrat dort das rechte Zentrum. 1854 schied Arndt aus dem Universitätsdienst aus und beschäftigte sich in den letzten Jahren seines Lebens mit der Aufbereitung seines Gesamtwerks. Ende 1859 hatte er die Bearbeitung der Gesamtausgabe seiner Gedichte abgeschlossen, nur wenige Wochen, bevor er am 29. Januar 1860 in Bonn starb. Die Universität Greifswald trägt seit 1933 seinen Namen. Dass sie ihn bis heute trägt, stößt nicht zuletzt wegen Arndts Antisemitismus vielfach auf Kritik. Auf der Homepage der Uni wird eingeräumt, seine rassistischen Vorstellungen gehörten „restlos der Vergangenheit an".

Nach dem endgültigen Sieg über Napoleon musste Jahn sehr schnell zur Kenntnis nehmen, dass die Fürsten und Staatsmänner, die sich 1814/15 zum Wiener Kongress eingefunden hatten, um eine stabile Friedensordnung in Europa zu schaffen, gar nicht daran dachten, einen deutschen Nationalstaat zu schaffen, sondern danach streben, die alte Ordnung wiederherzustellen. Jahns „Turner-Jugendbewegung" geriet zunehmend stärker mit der Politik der Restauration in Konflikt, die darauf abzielte, die Fürstenherrschaft in den Staaten des Deutschen Bundes zu sichern und die Macht des Adels zu erhalten. Der oppositionelle Charakter der Turner ließ sich spätestens seit dem Wartburgfest im Oktober 1817 nicht mehr verheimlichen, zu dem die Jenaer Burschenschaft anlässlich des 300-jährigen Reformationsjubiläums und zum vierten Jahrestag der Völkerschlacht bei Leipzig eingeladen hatte. Jahns Schüler Hans Ferdinand Maßmann inszenierte auf dem Wartenberg die Verbrennung „undeutscher" und „turnfeindlicher" Schriften. Bei den verantwortlichen Politikern hinterließ dieses unwürdige Schauspiel den Eindruck, dass auf den Turnplätzen und an den Universitäten ein gefährlicher, geradezu revolutionärer Geist heimisch geworden war, der zu einer ernsthaften Bedrohung der politischen Ordnung führen konnte. In Jahn sahen die Behörden den maßgeblichen Drahtzieher dieser bedrohlichen Bewegung. Nach der Ermordung des Schriftstellers August von Kotzebue durch den Turner und Burschenschafter Carl Ludwig Sand im Jahre 1819 wurde Jahn als „gefährlicher Demagoge" verhaftet und das von ihm 1811 begründete öffentliche Turnen verboten.

Damit fand die Geschichte des Turnens jedoch nicht ihr Ende. Mit seiner „Gesellschaft für Leibesübungen" hat Jahn in seinen wirkungsmächtigen Berliner Jahren von 1811 bis 1819 den Grundstein für die moderne Turn- und Sportvereinsbewegung in Deutschland gelegt. Der Deutsche Turner-Bund (DTB) ist heute mit rund fünf Millionen Mitgliedern, die in über 20 000 Turnvereinen und Turnabteilungen organisiert sind, der größte Freizeitsportverband in Deutschland.

An Jahn erinnern zahlreiche Büsten und Standbilder; viele Straßen, Plätze, Turnhallen und Schulen tragen noch immer seinen Namen. Dennoch war und ist er ein umstrittener Deutscher. Die sich nach Aufhebung der „Turnsperre" 1842 formierende Männerturnvereinsbewegung sah in ihm den „Turnvater" und stilisierte ihn nach der Gründung des Deutschen Reiches 1870/71 zum Nationalheroen, zum entschiedenen Werber für „Einheit und Freiheit". Im Dritten Reich wurde er als „Vorkämpfer der nationalsozialistischen Bewegung" instrumentalisiert. Heute werden seine Verdienste um die Turnbewegung gewürdigt, aber auch seine – allerdings dem Geist seiner Zeit geschuldeten – nationalistischen Schwärmereien, chauvinistischen und antisemitischen Ansichten kritisiert, die er etwa in seinem Hauptwerk „Deutsches Volksthum" von 1810 zum Ausdruck brachte.

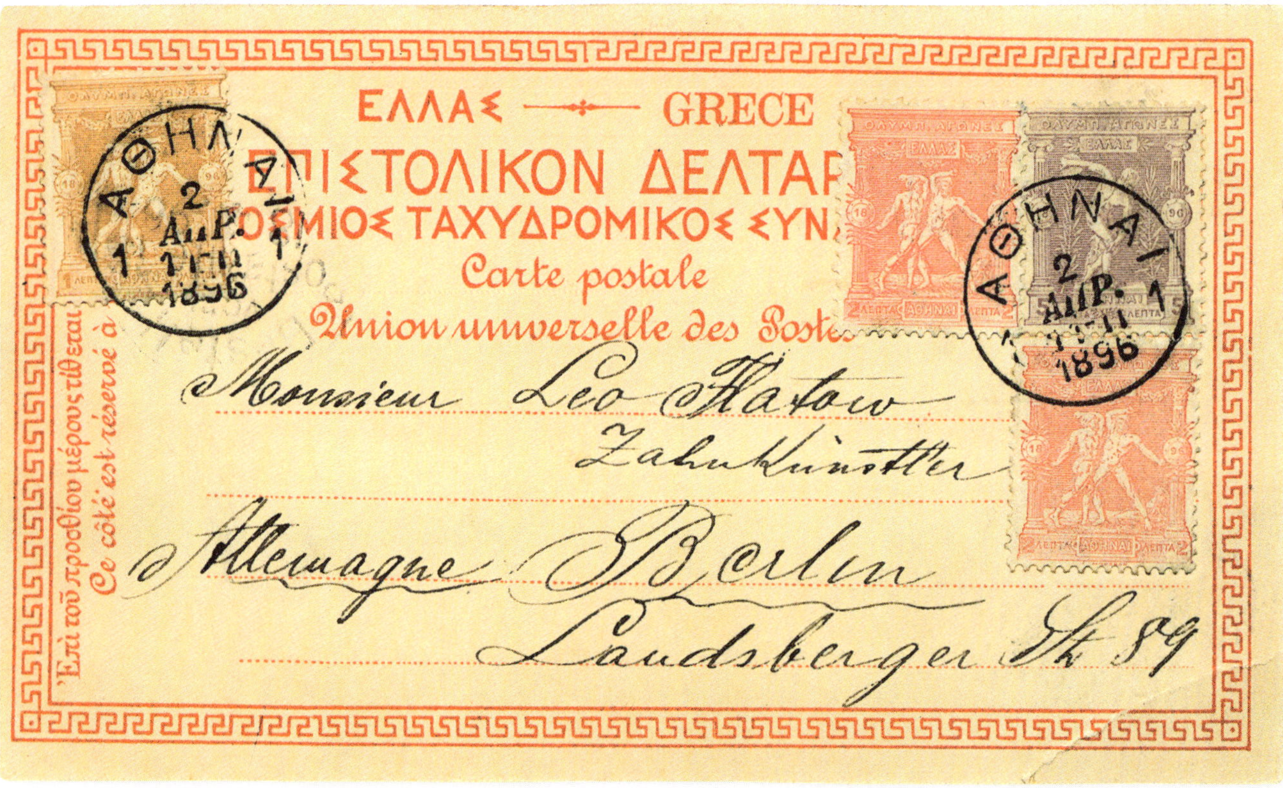
ΕΛΛΑΣ GRECE
Carte postale
Union universelle des Postes
Ce côté est réservé à
ΑΘΗΝΑΙ 2 ΑΠΡ. 1896
Monsieur Leo Hatow
Allemagne Berlin
Landsberger Str 89

Carl Schuhmann
Athen den 13. April 1896

Monsieur Leo Flatow
Zahnkünstler
Allemagne Berlin

Athen, den 13. April 1896

Meine Lieben!

Wie Euch schon mitgetheilt habe, wurden wir alle Turner beim König zum Diner eingeladen und haben mehr als 3 Stunden dort gespeist in 5 Gängen, es war großartig; nach dem wurden wir alle dem König vorgestellt und hat sich dieser sehr über uns gefreut und sich mit jedem unterhalten; auch der Kronprinz und sämtliche Prinzen waren erschienen etc., etc. Um 2 ist Preisverteilung, und am 16. fahren wir ab und denke ich am 20. bis 22. dort einzutreffen. An Leo habe ich einen Brief geschrieben und wird er es hoffentlich berücksichtigen; Karl soll, wenn er gefragt wird, sagen, er hat eine Karte geschrieben, daß er am 20. oder 21. wieder eintrifft.

Viele, viele Grüße,
Euer Felix

Lieber Leo! Sorge auch bestimmt für unsere Räder!! Ich verlasse mich ganz bestimmt darauf. Besten Gruß, Felix

[Unterschriften von: Conrad Böcker, Georg Hillmar, Fritz Hofmann, Fritz Manteuffel, Richard Röstel, Gustav Schuft, Carl Schuhmann]

Die Olympischen Spiele der Antike fanden vermutlich im Jahr 393 zum letzten Mal statt, bevor sie vom römischen Kaiser Theodosius I. als heidnische Spektakel verboten wurden. Da hatten die sportlichen Wettkämpfe bereits eine mehr als tausendjährige Geschichte hinter sich. Vermutlich gab es auch nach dem Verbot noch einige Jahre lang sportliche Wettkämpfe in Olympia. Aber irgendwann brach die Tradition ab. Es sollte weit über tausend Jahre dauern, bis die Spiele in moderner Form wiederbelebt wurden.

Schon im frühen 18. Jahrhundert, also zu Beginn der Aufklärung, planten einige Forscher, im sagenhaften Olympia auf Spurensuche zu gehen. Realisieren ließ sich das aber erst später. Die ersten kleinen Grabungen fanden 1766 statt, im Laufe des 19. Jahrhunderts wurde der Großteil der antiken Sportstätten im griechischen Olympia systematisch ausgegraben und archäologisch untersucht. Die Funde waren echte kulturhistorische Schätze und machten Olympia zum sporthistorisch bedeutendsten Ort der Welt. Angesteckt von der Begeisterung der Archäologen, entwickelte der französische Pädagoge Pierre de Coubertin die Idee, die Olympischen Spiele als moderne Sportwettkämpfe wiederzubeleben. Er verfolgte seinen Plan hartnäckig über viele Jahre – letztlich mit Erfolg: 1896 wurden die ersten Olympischen Spiele der Neuzeit in Athen ausgetragen, eine neue Tradition olympischer Wettkämpfe hatte begonnen.

Aus diesem Jahr 1896, von ebendiesen ersten Olympischen Spielen der Moderne, stammt ein Fund, den der Sammler Karl Rathjen 1993 in Kiel machte: Er stieß auf einer Tauschbörse auf eine Postkarte aus Athen, versehen mit Olympiafrankatur, verfasst in einer ihm unbekannten Kurzschrift. Der Absender der Karte: Gustav Felix Flatow (Abbildung Seite 23, rechts, neben seinem Cousin Alfred), Geräteturner und Olympiapionier. Flatow war einer der deutschen Teilnehmer und Medaillengewinner in Athen. Neben ihm hatten sieben Mannschaftskollegen auf der Karte unterschrieben.

Nicht nur die Kurzschrift auf der Karte gab zunächst Rätsel auf, auch das Datum des Poststempels erschien anfangs kurios. Die Olympischen Spiele 1896 fanden vom 6. bis zum 15. April 1896 statt, abgestempelt war die Postkarte aber am 2. April – da hatten die Spiele noch gar nicht begonnen. Wie konnte Flatow dann schon eine Preisverleihung ankündigen? Ein Fall von Betrug? Mitnichten. Bis weit ins 20. Jahrhundert hinein hatten die Griechen ihr eigenes Kalendersystem, das dem gregorianischen Kalender hinterherhinkte. Der griechische 2. April war in Deutschland schon der 14. April. Die Karte hatte Gustav Felix Flatow tatsächlich erst kurz vor seiner Abreise geschrieben, am 13. April 1896 nach deutscher Zeitrechnung.

Da war er bereits Olympiasieger, er hatte mit der Mannschaft am Reck und am Barren gesiegt, sein Cousin Alfred hatte sogar im Einzelwettbewerb am Barren Silber geholt – und das war 1896 kein zweiter, sondern der erste Platz: Goldmedaillen gab es bei den ersten modernen Olympischen Spielen noch nicht. Wer Zweiter wurde, bekam Bronze. Drittplatzierte gingen bei der Medaillenvergabe leer aus und mussten sich mit Ruhm und Ehre zufriedengeben. Adressiert ist die Postkarte an Leo Flatow, „Zahnkünstler" – die alte Berufsbezeichnung für Zahntechniker. Begeistert berichtet Gustav Felix Flatow seiner Familie vom Empfang und dem Fünf-Gänge-Menü beim griechischen König Georg I. Auch wenn die Teilnahme oder gar der Sieg bei Olympischen Spielen heute noch die Krönung jeder Sportlerlaufbahn sind, muss Olympia in Athen für die Pioniere dieser ersten Spiele der Neuzeit noch etwas ganz anderes gewesen sein: unbekannt und groß, ein aufregendes Treffen internationaler Sportler an einem geschichtsträchtigen Ort.

In Deutschland blieb eine angemessene Würdigung der Leistungen nicht nur der jüdischen Flatows allerdings aus. Wegen des internationalen und damit „undeutschen"

Charakters der Olympischen Spiele hatte die Deutsche Turnerschaft (DT) eine offizielle Beteiligung abgelehnt. Die Erfolge der deutschen Turner, die also nicht die DT repräsentierten, sondern als „wilde Riege" antraten, wurden verschwiegen, einen offiziellen Empfang der Olympiasieger nach ihrer Rückkehr gab es nicht.

Beide Flatows setzten ihre sportliche Karriere nach Olympia fort: Alfred siegte 1898 beim Deutschen Turnfest in Hamburg im Sechskampf, Gustav Felix nahm auch an den zweiten Olympischen Spielen 1900 in Paris teil.

Mit der „Machtergreifung" der Nationalsozialisten 1933 nahm das Leben der Flatow-Cousins einen tragischen

GUSTAV FELIX FLATOW wurde am 7. Januar 1875 in Berent/Westpreußen geboren. Mit dem Turnen begann er bereits als Siebenjähriger. Er absolvierte eine kaufmännische Ausbildung in Berlin und arbeitete dort ab 1893 als Kaufmann. 1896 startete Flatow bei den ersten Olympischen Spielen der Neuzeit in Athen und belegte mit der Mannschaft den ersten Platz am Reck sowie am Barren. Weitere Mitglieder dieser erfolgreichen Mannschaft waren die Mitunterzeichner von Flatows Brief: Conrad Böcker, Georg Hillmar, Fritz Hofmann, Fritz Manteuffel, Richard Röstel, Gustav Schuft und Carl Schuhmann. Fritz Hofmann führte als mehrfacher Deutscher Meister über 100 Yards die deutsche Turnriege an.

Nach seiner Teilnahme an den zweiten Olympischen Spielen 1900 in Paris konzentrierte sich Gustav Felix Flatow vor allem auf seinen Beruf als Kaufmann und auf die Familie – aus seiner Ehe mit Margarete Lamm hatte er einen Sohn und eine Tochter. 1899 hatte Flatow die Textilfirma Edmund Leon übernommen, die er bis zur „Machtergreifung" der Nationalsozialisten 1933 leitete. Noch im selben Jahr emigrierte er in die Niederlande, wo er sich vor der Judenverfolgung in Deutschland in Sicherheit wähnte, und leitete dort die niederländische Firma Confectie-Fabriek A. Brandel in Rotterdam, an der er seit 1925 Anteile besaß. Nach dem Einmarsch deutscher Truppen in die Niederlande 1940 konnte sich Flatow einige Jahre im südholländischen Driebergen verstecken, wurde jedoch im Januar 1944 von der SS verhaftet und nach Theresienstadt deportiert, wo sein Cousin Alfred bereits 1942 ums Leben gekommen war. Am 29. Januar 1945 starb Gustav Felix Flatow ebenfalls an den Folgen der Nazi-Gefangenschaft: Mithäftlinge fanden Flatow, der nur noch rund 20 Kilogramm wog, tot vor einer Baracke. Seine Asche wurde 1986 in einer Papierurne entdeckt und in einem Ehrengrab im heutigen Terezín (ehemals Theresienstadt) beigesetzt.

Verlauf. Wie in vielen anderen Bereichen wurde auch bei der Berliner Turnerschaft, der Alfred Flatow seit 46 Jahren angehörte, der „Arierparagraf" in vorauseilendem Gehorsam umgesetzt. Die Deutsche Turnerschaft verpflichtete mit einem Beschluss von April die Vereine, „alle jüdischen Mitglieder aus ihren Reihen auszuscheiden". So wurde auch Alfred Flatow aufgefordert, „freiwillig" aus der Berliner Turnerschaft auszutreten. In seinem Austrittsschreiben erklärte er: „Über meine eigenen Gedanken und Empfindungen bitte ich schweigen zu dürfen." 1942 wurde Alfred Flatow in das Konzentrationslager Theresienstadt deportiert, wo er am 28. Dezember starb.

Gustav Felix Flatow emigrierte 1933 in die Niederlande. Dort gelang es ihm und seiner Familie zunächst, sich dem Zugriff der Nationalsozialisten zu entziehen. 1936 erhielt er sogar eine offizielle Einladung als Ehrengast der Olympischen Spiele in Berlin. Die Nationalsozialisten waren für die Zeit der Spiele auf Prestigegewinn im In- und Ausland bedacht und setzten die Verfolgung der Juden zeitweise aus. Flatow kam der Einladung nach und besuchte mit seinem Bruder Leo das Berliner Olympiastadion. Doch schon bald zeigten die Nationalsozialisten wieder ihr wahres Gesicht. Anfang 1944 wurde auch Gustav Felix Flatow nach Theresienstadt verschleppt. Er starb dort am 29. Januar 1945.

Erst lange nach dem Zweiten Weltkrieg wurden die beiden Sportler und Olympiapioniere in Deutschland für ihre Verdienste geehrt: Zum 100-jährigen Jubiläum der modernen Olympischen Spiele widmete die Bundesrepublik Deutschland den Turnern 1996 eine Sonderbriefmarke, in Berlin tragen eine Straße und eine Sporthalle ihren Namen. Und bereits seit 1987 verleiht der Deutsche Turner-Bund (DTB) die Flatow-Medaille. Mit ihr wird der im Dritten Reich verfolgten und ermordeten Juden in der Deutschen Turnerschaft gedacht.

Albert Meyer
BERLIN.

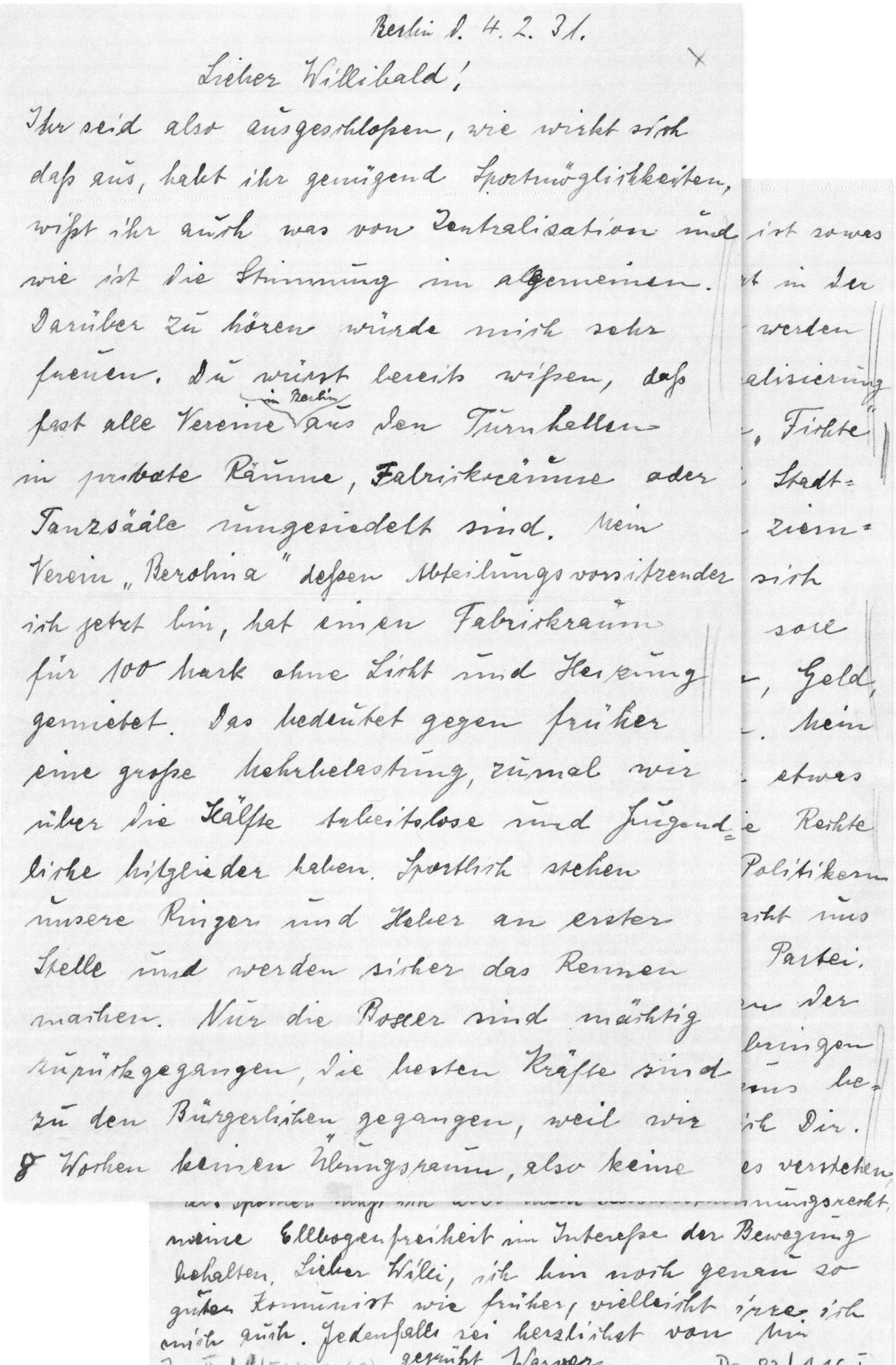

Berlin d. 4. 2. 31.

Lieber Willibald!

Ihr seid also ausgeschlossen, wie wirkt sich
daß aus, habt ihr genügend Sportmöglichkeiten,
wißt ihr auch was von Zentralisation und
wie ist die Stimmung im allgemeinen.
Darüber zu hören würde mich sehr
freuen. Du wirst bereits wissen, daß
fast alle Vereine in Berlin aus den Turnhallen
in private Räume, Fabrikräume oder
Tanzsääle umgesiedelt sind. Mein
Verein „Berolina" dessen Abteilungsvorsitzender
ich jetzt bin, hat einen Fabrikraum
für 100 Mark ohne Licht und Heizung
gemietet. Das bedeutet gegen früher
eine große Mehrbelastung, zumal wir
über die Hälfte Arbeitslose und Jugend-
liche Mitglieder haben. Sportlich stehen
unsere Ringer und Heber an erster
Stelle und werden sicher das Rennen
machen. Nur die Boxer sind mächtig
zurückgegangen, die besten Kräfte sind
zu den Bürgerlichen gegangen, weil wir
8 Wochen keinen Übungsraum, also keine

ist sowas
t in der
werden
alisierung
, Fichte"
Stadt-
zierm-
sich
soll
, Geld,
. Mein
etwas
e Rechte
Politikern
acht uns
Partei.
en der
bringen
uns be-
ich Dir.
es verstehen,

Mitbestimmungsrecht,
meine Ellbogenfreiheit im Interesse der Bewegung
behalten. Lieber Willi, ich bin noch genau so
guter Kommunist wie früher, vielleicht irre ich
mich auch. Jedenfalls sei herzlichst von Dir
gegrüßt Werner.

WERNER SEELENBINDER an Willibald Mattern

Berlin d. 4.2.31.

Lieber Willibald!

Ihr seid also ausgeschloßen, wie wirkt sich daß aus, habt ihr genügend Sportmöglichkeiten, wißt ihr auch was von Zentralisation und wie ist die Stimmung im allgemeinen. Darüber zu hören würde mich sehr freuen. Du wirst bereits wißen, daß fast alle Vereine in Berlin aus den Turnhallen in private Räume, Fabrikräume oder Tanzsääle umgesiedelt sind. Mein Verein „Berolina" deßen Abteilungsvorsitzender ich jetzt bin, hat einen Fabrikraum für 100 Mark ohne Licht und Heizung gemietet. Das bedeutet gegen früher eine große Mehrbelastung, zumal wir über die Hälfte Arbeitslose und Jugendliche Mitglieder haben. Sportlich stehen unsere Ringer und Heber an erster Stelle und werden sicher das Rennen machen. Nur die Boxer sind mächtig zurückgegangen, die besten Kräfte sind zu den Bürgerlichen gegangen, weil wir 8 Wochen keinen Übungsraum, also keine Übungsstunde hatten. Bei den Boxern ist sowas nicht sehr zu verwundern, denn es liegt in der Art des Boxens, daß jeder ein Schmeling werden möchte. Dann ist die Frage der Zentralisierung sehr akut. Der neue Zentralverein „Fichte" gegliedert in Vereinsbezirken nach Stadtbezirken ist gegründet, eine ziemliche Anzahl von Vereinen hat sich zentralisiert. Die Zentralisation soll die politische Stoßkraft fördern, Geld, Funktionäre und Arbeit sparen. Mein Verein und auch [ich] stehen der Sache etwas skeptisch gegenüber. Wir möchten die Rechte der Sportler gegenüber den reinen Politikern wahren. Denn die Zentralisierung macht uns bestimmt zu einem Nebenkörper der Partei. Wie weit sich daß mit den Intereßen der Arbeitersportbewegung in Einklang bringen läßt, wenn reine Politiker über uns bestimmen, daß auszudenken überlaße ich Dir. Vom politischen Standtpunkt kann ich es verstehen, als Sportler muß ich aber mein Selbstbestimmungsrecht, meine Ellbogenfreiheit im Intereße der Bewegung behalten. Lieber Willi, ich bin noch genau so guter Kommunist wie früher, vielleicht irre ich mich auch. Jedenfalls sei herzlichst von mir gegrüßt

Werner

WERNER SEELENBINDER an Willibald Mattern

In der Weimarer Republik war die Gesellschaft in Deutschland eine Klassengesellschaft. Welche Schule man besuchte, wo und wie man wohnte und sein Geld verdiente, wen man heiratete, wie man sich kleidete und welche Partei man wählte, wo man einkaufte und in welche Kneipe man ging: Die allermeisten Lebensumstände hingen von der Herkunft ab. Auch im Sport gab es Klassenschranken. Viele Sportarten waren nur den Bürgern vorbehalten, das Ringen war hingegen wie Gewichtheben und Boxen in erster Linie ein proletarisches Vergnügen.

Werner Seelenbinder war eindeutig ein Proletarier. Er war ein guter Ringer, ein guter Kommunist (wenn auch keiner auf sturer Parteilinie der KPD) – und vor allem war er ein aufrechter und mutiger Mensch. Dass er kein ideologisch engstirniger Kommunist war, wird aus seinem Schreiben vom 4. Februar 1931 an seinen Sportkameraden Willibald Mattern deutlich. Nachdenklich kommentierte der Sportler und Vereinsvorstand darin die „Zentralisierung" der Berliner Arbeitersportvereine im ASV Fichte, der von sich behauptete, der größte „rote" Sportverein der Welt zu sein, und sah den wachsenden Einfluss der Kommunistischen Partei auf das Sportgeschehen mit einiger Skepsis.

Dass Werner Seelenbinder ein mutiger Mann war, zeigt sein gesamter Lebenslauf. 1917 trat er dem Arbeiterathletenclub SC Eiche Berlin bei und rang später für den SC Berolina Neukölln. In den frühen 1920er Jahren gewann er mehrfach die Berliner Meisterschaft des Arbeitersports. Danach schlossen sich internationale Erfolge an – allesamt bei „roten" Sportveranstaltungen. Seelenbinder siegte beim Internationalen Arbeiter-Sportfest 1926 in Wien im Einzel und mit der deutschen Ländermannschaft und wurde bei der Allunionsspartakiade der Sowjetunion 1928 in Moskau, die als erste Weltspartakiade des Arbeitersports in die Geschichte einging, Meister im Halbschwergewicht. Die kommunistische Gegenveranstaltung zu den Olympischen Sommerspielen in Amsterdam und eine Wettkampfreise in die Sowjetunion

WERNER SEELENBINDER wurde am 2. August 1904 in Stettin geboren. Er entstammte dem proletarischen Milieu, sein Vater war gelernter Maurer. 1910 zog die Familie nach Berlin, wo sie zunächst in Prenzlauer Berg und ab 1918 in Friedrichshain lebte. Seelenbinder wuchs dort unter schwierigen wirtschaftlichen und familiären Verhältnissen auf. Die Mutter starb 1915, der Vater kämpfte im Ersten Weltkrieg und stand nach seiner Rückkehr vor dem Nichts. Werner Seelenbinder musste schon früh mit Gelegenheitsarbeiten zum Broterwerb der Familie beitragen und konnte daher keinen Beruf erlernen. Als ungelernter Arbeiter war Seelenbinder bis Mitte der 1930er Jahre häufig arbeitslos. Dafür machte er als Ringer Karriere. Er gewann sechsmal die Deutsche Meisterschaft im Halbschwergewicht, bei den Olympischen Spielen von 1936 wurde er Vierter. Seelenbinder war seit 1928 Mitglied der Kommunistischen Partei Deutschlands. Nach der „Machtergreifung" durch die Nationalsozialisten engagierte er sich im kommunistischen Widerstand. Dies wurde ihm 1942 zum Verhängnis. Die Widerstandsgruppe Uhrig, zu der er Kontakt unterhalten hatte, wurde aufgedeckt und die Gestapo verhaftete Seelenbinder. Er wurde vom Volksgerichtshof wegen Hochverrats zum Tode verurteilt und am 24. Oktober 1944 im Zuchthaus Brandenburg mit dem Fallbeil hingerichtet. Durch seinen frühen Tod erfährt ein Satz aus einem älteren Brief Werner Seelenbinders an einen Freund auf tragische Weise Bestätigung: „Also hinein ins Leben, ehe die schönsten Jahre vorbei sind."

im Jahr zuvor zeitigten Wirkung, nach der Rückkehr von der Spartakiade trat Seelenbinder in die KPD ein.

Mit der „Machtergreifung" durch die Nationalsozialisten wurde auch das Sportgeschehen gleichgeschaltet. Als einem von wenigen Arbeitersportlern gelang es Seelenbinder, seine Karriere in der NS-Diktatur fortzusetzen. Zwar verweigerte er 1933, als er seine erste offizielle Deutsche Meisterschaft errang, bei der Siegerehrung den Hitlergruß und wurde dafür einige Tage lang inhaftiert und mehrere Monate als Ringer gesperrt. Dann aber zeigte er sich den Machthabern als geläutert, auch um den Preis, dass frühere Sportkameraden und Genossen sich vom „Verräter" Seelenbinder abwandten. Doch der Schwenk Seelenbinders war Tarnung und Täuschung. In Wahrheit blieb er Kommunist. Er arbeitete für die KPD im Untergrund und fungierte auf seinen Reisen im In- und Ausland als Kurier. Dies ist belegte Wahrheit.

Glaubt man einem Brief von Seelenbinders Mentor Erich Rochler an die Forschungsstelle der Deutschen Hochschule für Körperkultur (DHfK) in Leipzig aus dem Jahr 1962, wagte Seelenbinder für den kommunistischen Widerstand noch weit mehr. Demnach erhielt Werner Seelenbinder 1934 von in den Untergrund gegangenen Kommunisten um Rochler den Auftrag, sich unbedingt für die deutsche Olympiamannschaft zu qualifizieren, eine Medaille zu gewinnen, sich ein Mikrofon zu schnappen und „antifaschistisch zu wirken" – als ein Signal an die Welt, dass es auch noch ein anderes Deutschland gab. Nicht nur an dieser Stelle sind die Quellen indes mit Vorsicht zu genießen, wurde doch von der DDR-Führung nachträglich vieles im Lebenslauf Seelenbinders manipuliert. Der Legende nach tat Seelenbinder wie geheißen. Fakt ist, dass sich der Ringer, immerhin war er 1936 schon 32 Jahre alt, in die olympische Auswahl quälte. Dabei machte ihm auch eine Knieverletzung zu schaffen. Weil Werner Seelenbinder als Medaillenhoffnung galt, gewährte ihm die Nazi-Führung Privilegien. So operierte Heinrich Himmlers Leibarzt Karl Gebhardt persönlich das Knie. Dieser Karl Gebhardt ließ im Zweiten Weltkrieg Häftlingen die Knochen zerschmettern, weil er neue Heilmethoden für Kriegswunden entwickeln wollte. Für diese und andere grausame Menschenversuche wurde Gebhardt nach dem Krieg zum Tode verurteilt und hingerichtet.

Unbelegt ist aber, ob Seelenbinder tatsächlich Tage vor dem Wettkampf auf im olympischen Dorf verteilten Flugblättern eine politische Aktion ankündigte. Und ebenfalls ungewiss ist, ob er auf dem Podest ein weiteres Mal den Hitlergruß verweigern, „Rotfront!" brüllen oder sogar eine Ansprache halten wollte. Als Vierter verfehlte Werner Seelenbinder das Podest und damit die Gelegenheit, seinen Protest kundzutun. Legende hin oder her, fraglich ist, ob eine solche Protestaktion wirklich etwas verändert hätte.

Dabei bedarf es solcher Aktionen gar nicht, um den Mut Seelenbinders zu belegen. Allein seine Kurierdienste für die Kommunistische Partei hätten allemal für eine Verhaftung und für Repressalien ausgereicht. Aber 1936 flog Seelenbinder noch nicht auf. Er fügte seinen Deutschen Meisterschaften von 1933 und 1935 noch vier weitere Titel hinzu, bei den Europameisterschaften von 1937 in Paris und 1938 in Tallinn errang er jeweils den dritten Platz – und wirkte ständig als Nachrichtenüberbringer für kommunistische Widerstandskämpfer. Ab Juni 1938 arbeitete Seelenbinder als Schweißer in einem Rüstungsbetrieb und konnte nicht mehr so viel Zeit in seine sportliche Laufbahn investieren. Aber auch als Metallarbeiter blieb Seelenbinder kommunistischer Aktivist. Während die deutsche Wehrmacht von Sieg zu Sieg zog, organisierte er eine aus deutschen Kommunisten und polnischen Zwangsarbeitern bestehende Widerstandszelle und intensivierte den Kontakt zur kommunistischen Widerstandsgruppe um Robert Uhrig und Alfred Kowalke. Letzterem half Seelenbinder im Spätsommer 1941, in Berlin unterzutauchen.

Dies konnte im NS-Spitzelstaat auf Dauer nicht unentdeckt bleiben. Die Katastrophe bahnte sich an. 1942 gelang es den Nationalsozialisten, die kommunistische

Widerstandsgruppe um Uhrig und Kowalke zu enttarnen, am 4. Februar 1942 verhaftete die Gestapo auch Werner Seelenbinder. Einmal gelang es Seelenbinder, an bestochenen Wärtern vorbei aus der Haft zu entkommen und die Familie seines Bruders zu besuchen. Dort zeigte er seinem Neffen seine Foltermale. Weil Seelenbinder aber befürchten musste, dass er mit einer Flucht seine Familie und andere Häftlinge in Gefahr bringen würde, und er trotz der Folterung von einer geringen Haftzeit ausging, kehrte er freiwillig ins Gefängnis zurück. Er sollte sich täuschen. Das frühere Sportidol überlebte zwar Jahre in Haft in acht Gefängnissen und Konzentrationslagern, auch überlebte er die schweren Nierenschäden, die ihm unter der Nazifolter zugefügt worden waren. Mit dem Stauffenberg-Attentat vom 20. Juli 1944 aber lief die Nazijustiz vollends Amok. In rasender Geschwindigkeit wurden vermeintliche Staatsfeinde gnadenlos abgeurteilt. Am 5. August 1944 verurteilte der Volksgerichtshof Werner Seelenbinder wegen Hochverrats und Feindbegünstigung zum Tode.

Werner Seelenbinder wollte nicht sterben, schrieb drei Gnadengesuche und bot darin „schwersten Fronteinsatz“ an. Vergebens. Der Staatsapparat verkündete am 24. Oktober 1944 in der lakonischen Sprache der Bürokratie, der Reichsminister der Justiz mache „vom Gnadenrecht keinen Gebrauch“. Noch am selben Tag kam Werner Seelenbinder im Zuchthaus Brandenburg-Görden unter das Fallbeil.

Nach dem Krieg wurde Seelenbinder in der DDR als revolutionärer Arbeitersportler und Märtyrer verehrt. Sportstätten, Straßen und Schulen wurden nach ihm benannt. 1959 verfilmte die DEFA Werner Seelenbinders Leben. Als wäre seine Leistung nicht groß genug, enthält der Film mit dem Titel „Einer von uns“ allerlei pathetische Übertreibungen. Auch der 1961 erschienene Seelenbinder-Roman „Der Stärkere“ von Walter Radetz ist nicht frei von propagandistischen Ausschmückungen. Um den aufrechten Kommunisten noch größer wirken zu lassen, blieb es nicht bei fiktionalen Ausschmückungen in Filmen, Romanen und Gedichten. Die DDR-Führung zauberte sogar eine von einem Mithäftling aufgezeichnete donnernd-kämpferische Abschiedsbotschaft Werner Seelenbinders aus dem Hut, die er am Tag seiner Hinrichtung aus seiner Zelle gerufen haben soll, manipulierte persönliche Briefe und ließ den Abschiedsbrief Seelenbinders an seinen Vater verschwinden.

Ganz anders im Westen. Dort war Seelenbinder keine Heldenfigur, vielmehr wurde er von den Medien und den Sporthistorikern totgeschwiegen oder aber als moskauhöriger Parteisoldat hingestellt. Ein Trost: Seit einigen Jahren gelingt es immer häufiger, ein ideologiefreies Bild Werner Seelenbinders zu zeichnen und ihn so zu würdigen, wie er war. Am 6. Mai 2008 erhielt der Ringer den verdienten Ehrenplatz in der „Hall of Fame des deutschen Sports“, die von der Stiftung Deutsche Sporthilfe gegründet wurde.

Gleichzeitig danke ich der KFV Jugend-Abteilung für die freundliche Einladung der Jugendabteilung und bedauere lebhaft das ... en.

... küren ... noch sch- ... KFV in

Max Hirsch
SPORTARTIKEL

KARLSRUHE i/B ... str. 30 FERNRUF 1609
Postscheckkto. 27329

Julius Hirsch Karlsruhe Baden Karlsruhe, den 10. April 1933
Kaiserallee ... parterre

An den verehrl. Vorstand des Karlsruher Fussballverein e.V.

„Karlsruhe Baden"

Sehr geehrte Herren!

Jch lese heute im Sportbereicht Stuttgart dass die grossen Vereine darunter auch der KFV einen Entschluss gefasst haben, dass die Juden aus den Sportvereinen zu entfernen seien.

Jch gehöre dem KFV seit dem Jahre 1902 an und habe demselben treu und ehrlich immer meine schwache Kraft zur Verfügung gestellt. Leider muss ich nun bewegten Herzens meinem lieben KFV meinen Austritt anzeigen.

Nicht unerwähnt möchte ich aber lassen, dass es in dem heute so gehassten Prügelkinde der deutschen Nation auch anständige Menschen und vielleicht noch viel mehr national denkende und auch durch die "Tat bewiesene und durch das Herzblut vergossene" deutsche Juden gibt.

Nur aus diesem Grunde und nicht um mich zu brüsten will ich Jhnen im nachstehenden den Beweis erbringen:

1. Leopold Hirsch ehemals KFV aktiv beim 1. bad. Leib Grenadier Regiment auch auf dem Gefallenendenkmal des KFV stehend. Von 1914 1918 im Felde beim 94. Res. Jnft. Regiment. Besitzer Des EKII und versch. anderer Orden. Gefallen auf dem Felde der Ehre am 30.6 1918 am Kemmel.
2. Max Hirsch nicht aktiv gedient, meldet sich 1914, obwohl nur ein Auge freiwillig aus der Schweiz zum Kriegsdienst. Jm Felde von 1915/18 bei einer Ahrendt -Station in vorderster Front. Besitzer des EKII und der bad. silbernen Verdienst Medaille.
3. Rudolf Hirsch aktiv gedient beim Telegraphenbataillon in Karlsruhe. Jm Felde von 1914-1918 bei der bayr. fliegenden Division Kneisel. Besitzer des EKI und der bayr. Tapferkeitsmedaille.
4. Julius Hirsch aktiv beim 1. Bad. Leib Grenadier Regiment 109 1912/13. Von 1914 -1918 im Felde beim 12. bayr. Landwehr Jnf. Regiment. Besitzer des EK II und der bayr. Dienstauszeichnung.

Anbei noch eine Trauerrede, die ich mir zurück erbitte, anlässlich der Ueberführung meines Bruders seel. Leopold am 6. Juni 1918.

JULIUS HIRSCH an den Karlsruher Fußballverein

Karlsruhe, den 10. April 1933

An den verehrl. Vorstand des Karlsruher Fussballverein e. V.
Karlsruhe Baden

Sehr geehrte Herren!

Ich lese heute im Sportbereicht Stuttgart dass die grossen Vereine darunter auch der KFV einen Entschluss gefasst haben, dass die Juden aus den Sportvereinen zu entfernen seien.

Ich gehöre dem KFV seit dem Jahre 1902 an und habe demselben treu und ehrlich immer meine schwache Kraft zur Verfügung gestellt. Leider muss ich nun bewegten Herzens meinem lieben KFV meinen Austritt anzeigen.

Nicht unerwähnt möchte ich aber lassen, dass in dem heute so genannten Prügelkinde der deutschen Nation auch anständige Menschen und vielleicht noch viel mehr national denkende und auch durch die „Tat bewiesene und durch das Herzblut vergossene" deutsche Juden gibt.

Nur aus diesem Grunde und nicht um mich zu brüsten will ich Ihnen im nachstehenden den Beweis erbringen:

1. *Leopold Hirsch ehemals KFV aktiv beim 1. Bad. Leib Grenadier Regiment auch auf dem Gefallenendenkmal des KFV stehend. Von 1914–1918 im Felde beim 94. Res. Inft. Regiment. Besitzer Des EKII und versch. anderer Orden. Gefallen auf dem Felde der Ehre am 30.6.1918 am Kemmel.*
2. *Max Hirsch nicht aktiv gedient, meldet sich 1914, obwohl nur ein Auge freiwillig aus der Schweiz zum Kriegsdienst. Im Felde von 1915/18 bei einer Ahrendt-Station in vorderster Front. Besitzer des EKII und der bad. silbernen Verdienst Medaille.*
3. *Rudolf Hirsch aktiv gedient beim Telegraphenbataillon in Karlsruhe. Im Felde von 1914–1918 bei der bayr. fliegenden Division Kneisel. Besitzer des EKI und der bayr. Tapferkeitsmedaille.*
4. *Julius Hirsch aktiv beim 1. Bad. Leib Grenadier Regiment 109 1912/13. Von 1914–1918 im Felde beim 12. bayr. Landwehr Inf. Regiment. Besitzer des EK II und der bayr. Dienstauszeichnung.*

Anbei noch eine Trauerrede, die ich mir zurückerbitte, anlässlich der Ueberführung meines Bruders seel. Leopold am 6. Juni 1918.

JULIUS HIRSCH an den Karlsruher Fußballverein

Gleichzeitig danke ich der KFV Jugend-Abteilung für die freundliche Einladung der Jugendabteilung und bedauere lebhaft das Amt eines Beisitzers im Preisgericht nicht übernehmen zu können. Die Einladung anbei zurück.

Ich befinde mich z.Zt. in einer wirtschaftlich prekären Lage und darf wohl die verehrliche Vereinsleitung bitten, mir den noch schuldigen Beitrag zu erlassen, denn ich habe ja noch nie vom KFV in geldlicher Hinsicht Vorteile gehabt.

Ich zeichne mit sportlichem Gruss
Julius Hirsch

1923, 1933, 1943 – drei Jahreszahlen im Abstand von jeweils nur einer Dekade, die entscheidende Punkte im Leben von Julius Hirsch markieren und dessen Tragik vergegenwärtigen. Es bedarf dabei keines Zeitraffers, um die Dramaturgie zu steigern, aber die Eckpunkte zeigen, wie rasant sich die Verhältnisse in Deutschland in dieser Zeit geändert haben.

1923 startete Julius Hirsch in die letzte Spielzeit seiner eindrucksvollen Fußballerkarriere. Er war zweimal Deutscher Meister geworden. Dass ihm dies mit zwei Vereinen gelang, seinem Heimatverein Karlsruher FV und der SpVgg Fürth, ist aus heutiger Sicht nicht der Erwähnung wert, war aber für damalige Verhältnisse ein Novum. Darüber hinaus – und das ist in diesem Zusammenhang von größerer Bedeutung – war er als Jude deutscher Nationalspieler und hatte 1912 an den Olympischen Spielen teilgenommen.

Zehn Jahre nach dem Start in seine letzte Saison als Spieler richtete Julius Hirsch den vorliegenden Brief an den Karlsruher FV. Dem hatte er in der Zwischenzeit unter anderem als Jugendtrainer gedient. Dass er in dem Schreiben seinen Austritt aus dem Verein erklärte, war keine Stichelei dagegen, wie schnell der „liebe KFV" das „Führerprinzip" anerkannte, wie rasch und wie widerspruchslos sich der Fußballverein der antisemitischen

JULIUS HIRSCH wurde am 7. April 1892 in der badischen Kleinstadt Achern als siebtes Kind einer jüdischen Kaufmannsfamilie geboren. 1902 trat er als Zehnjähriger in den Karlsruher FV ein, damals einer der Erfolgsvereine Deutschlands, mit dem der „Juller" genannte Hirsch als Achtzehnjähriger die Deutsche Meisterschaft gewann. Ein Jahr später wurde Hirsch Nationalspieler, wieder ein Jahr später, 1912, nahm er an den Olympischen Spielen von Stockholm teil. Danach schloss sich der Militärdienst als Einjährig-Freiwilliger beim 1. Badischen Leib-Grenadier-Regiment 109 an. 1914 wechselte Julius Hirsch als Kapitän zur Spielvereinigung nach Fürth – das wegen seiner großen und traditionsreichen jüdischen Gemeinde auch das „fränkische Jerusalem" genannt wurde. Die Religion spielte beim Wechsel aber eine untergeordnete Rolle – Hirsch fand in Nürnberg bei der Spielwarenfabrik Gebrüder Bing eine gute Arbeit, auch war sein früherer KFV-Trainer William J. Townley zuvor nach Fürth gewechselt.

Als Soldat im Ersten Weltkrieg erhielt Julius Hirsch das Eiserne Kreuz 2. Klasse und die bayerische Dienstauszeichnung. 1919 kehrte Hirsch nach Karlsruhe zurück, arbeitete dort in der väterlichen Firma und setzte seine Fußballerkarriere fort. Diese beendete er nach der Saison 1923/24, arbeitete aber für den Verein als Jugendtrainer weiter.

In der Nazizeit begann für Julius Hirsch ein schrecklicher Leidensweg, auf dem er in mehreren Stufen seiner Rechte beraubt wurde. Er litt unter wirtschaftlichen

Ideologie der neuen Machthaber ergab. Hirsch kam mit seinem freiwilligen Austritt lediglich dem Hinauswurf zuvor, der ihn früher oder später ereilt hätte. Am 19. April 1933 erklärte der Deutsche Fußballbund (DFB) im „Kicker“ in einer unrühmlichen Bekanntmachung, dass Angehörige der „jüdischen Rasse“ in führenden Stellungen der Landesverbände und Vereine nicht länger „tragbar“ seien. Viele Vereine setzten den ursprünglich für das Berufsbeamtentum erlassenen „Arierparagrafen“ direkt um und schlossen jüdische Mitglieder aus. Schon 1933, lange vor den Nürnberger Rassengesetzen von 1935, wurde der Fußball in Deutschland also „arisch“ – und dies oft nur allzu bereitwillig.

Weitere zehn Jahre später, am 2. März 1943, erreichte ein Deportationszug mit Julius Hirsch das KZ Auschwitz-Birkenau.

Zwei Dinge an dem Brief Hirschs vom 10. April 1933, der genau in der Mitte der beschriebenen Ereignisse liegt, verdienen besondere Beachtung. Das eine ist, wie rasch Julius Hirsch den Verein verließ. Er hatte, wie er schrieb, am selben Tag von dem Plan erfahren, die jüdischen Mitglieder aus den Sportvereinen zu entfernen. Praktisch ohne Bedenkzeit erklärte er daraufhin seinen Austritt aus dem Karlsruher FV. Und das zweite bemerkenswerte Moment ist, wie stolz und auch weitsichtig Julius Hirsch reagierte. Er verließ den Verein auf eigene Initiative und ersparte sich so die Demütigung eines Rauswurfs. Das hatte er nämlich nicht nötig. Denn der „Juller“, wie ihn Fans und Sportkameraden nannten, stellte dem KVF niemals nur eine „schwache Kraft zur Verfügung“. In seiner aktiven Zeit war der Angreifer ein Leistungsträger seiner Mannschaft. In seiner typisch gebückten Körperhaltung stürmend und mit einem strammen Schuss ausgestattet, war der Torjäger das Idol seiner Anhänger. Mit Fritz Förderer und seinem ebenfalls jüdischen Kollegen Gottfried Fuchs bildete er ein berühmtes Innentrio.

Daran, dass er einen bevorstehenden Rauswurf für unrecht hielt, ließ Hirsch keinen Zweifel. Anerkennung und Respekt hatte er sich nicht nur als Sportler, sondern auch als Patriot verdient. Akribisch, samt Dienstzeit, Regiment und errungenen Ehrenzeichen, führte Julius Hirsch

Schwierigkeiten und wurde diskriminiert. Er trennte sich unter dem Druck der Verhältnisse von seiner Familie und wurde als Zwangsarbeiter beschäftigt. Schließlich wurde er ins Konzentrationslager gezwungen und ermordet.

Am 1. März 1943 wurde Hirsch nach Auschwitz-Birkenau deportiert. Auf dem Transport verliert sich seine Spur. Nicht einmal sein Todesdatum ist bekannt, es wurde später gerichtlich auf das Ende des Zweiten Weltkriegs in Europa am 8. Mai 1945 festgelegt.

in seiner Austrittserklärung auf, dass drei seiner Angehörigen und unter Punkt 4 er selbst dem Deutschen Reich im Ersten Weltkrieg als Soldaten gedient hätten.

Tatsächlich teilten im Ersten Weltkrieg – trotz des latenten und offenen Antisemitismus der wilhelminischen Gesellschaft – viele Deutsche jüdischen Glaubens die Kriegsbegeisterung ihrer nicht jüdischen Landsleute. Viele meldeten sich freiwillig an die Front. Damit hatten die Nazis in späteren Jahren durchaus ein Glaubwürdigkeitsproblem. Schließlich galten in der Nazipropaganda Juden ausnahmslos als feige, heimtückische Vaterlandsverräter – dieses Bild vertrug sich freilich nur schwer mit teilweise hochdekorierten jüdischen Veteranen des Ersten Weltkriegs. Deshalb verhielt sich der NS-Staat gegenüber jüdischen Soldaten des Ersten Weltkriegs durchaus widersprüchlich. So waren jüdische Frontkämpfer und ihre Angehörige von dem „Gesetz zur Wiederherstellung des Berufsbeamtentums" und dem darin enthaltenen „Arierparagrafen" vom 7. April 1933 zunächst ausgenommen. Diese Ausnahme wurde aber mit der Verabschiedung der Nürnberger Gesetze zwei Jahre später aufgehoben. Auch nach der Reichspogromnacht im November 1938 zeigte sich das Naziregime gegenüber ehemaligen jüdischen Frontsoldaten zunächst noch gnädig. In einer Verfügung der Geheimen Staatspolizei wurde festgelegt, dass verhaftete Weltkriegsveteranen wieder freigelassen werden sollten. Noch 1942 beschied der Nazistaat, dass schwerversehrte jüdische Soldaten aus dem Ersten Weltkrieg dieselben Nahrungsmittelrationen erhalten sollten wie die nicht jüdische Bevölkerung. Doch schlussendlich wartete auch auf jüdische Veteranen aus dem Ersten Weltkrieg nur eines: die Deportation in die Konzentrationslager.

Auch Julius Hirsch wurde Opfer der grausamen Verbrechen des Holocaust. Dass er als Soldat im Ersten Weltkrieg mit dem Eisernen Kreuz 2. Klasse ausgezeichnet worden, deutscher Fußballmeister und Nationalspieler gewesen war, konnte ihn vor der Katastrophe nicht bewahren. Was 1933 mit Ausgrenzung begonnen hatte, endete ein Jahrzehnt später mit Mord.

Schon 1933 befand sich Hirsch, wie er an den KFV schrieb, „z.Zt. in einer wirtschaftlich prekären Lage" und bat in seinem Austrittsschreiben auf anrührend spröde Weise um den Erlass offener Mitgliedsbeiträge. Diese Lebensverhältnisse verschlechterten sich im Lauf der Zeit mehr und mehr, wie die 2012 erscheinende Biografie „Julius Hirsch. Nationalspieler. Ermordet." (Verlag Die Werkstatt, Göttingen) von Werner Skrentny belegt. In der Saison 1933/34 war Hirsch noch als Trainer in Frankreich tätig. Seine Versuche, dort oder in der Schweiz Fuß zu fassen, scheiterten aber. Er arbeitete als Spieler und Trainer bei einem jüdischen Fußballverein in Karlsruhe, als Handelsvertreter und Buchhalter. Die prekäre Lebenssituation hinterließ Spuren: Im November 1938 unternahm Hirsch auf der Rückreise von einem Besuch bei Verwandten in Frankreich einen Suizidversuch und wurde in eine psychiatrische Klinik eingeliefert. Dort entlassen, kehrte er nach Karlsruhe zurück und ließ sich 1942 von seiner Ehefrau scheiden. Damit wollte Hirsch seine Frau und die beiden gemeinsamen Kinder vor der Diskriminierung schützen, allerdings verlor er damit auch den Schutz der „privilegierten Mischehe", wie es in der Nazidiktion hieß. Hirsch wurde kurz darauf zu Hilfsarbeiten zwangsverpflichtet und schließlich nach Auschwitz-Birkenau deportiert, wo er ermordet wurde.

Julius Hirschs Lebensweg steht exemplarisch für das Leiden vieler drangsalierter Juden in Deutschland. So wie er in seinem Brief an den Karlsruher FV haben viele andere mutig und aufrecht gegen den Ausschluss aus der deutschen Gesellschaft protestiert und damit vor allem für spätere Generationen ein wichtiges Zeichen gegen Willkür und Gewalt gesetzt.

Der DFB, der sich lange Zeit schwertat, seine Rolle im Nationalsozialismus einzugestehen, erinnert seit 2005 mit dem Julius-Hirsch-Preis an das Opfer des Nationalsozialismus. Ausgezeichnet werden Personen, Initiativen und Vereine, die sich gegen Ausgrenzung, Rassismus und Antisemitismus und für Verständigung einsetzen. Das Beispiel Julius Hirsch mahnt: Wehret den Anfängen.

LAUSANNE-SPORTS

Fondé en 1896

· ville 1703 · Chèque postaux II. 4014 · Secrétariat et terrain : Parc des sports Pontaise · Téléphone (021) 24 24 94 95

Lausanne, le 3. Mai 1954.

Herrn B i e d e r m a n n ,
c/o-Frumentun G.m.b.H.,
H a m b u r g 36.

Sehr geehrter Herr Biedermann,

Sie werden überrascht sein, wenn wir uns erlauben, mit einem Begehren an Sie zu gelangen. Sie werden sich aber wohl noch gut an Ihren Aufenthalt in Lausanne erinnern und wir hoffen, dass Sie hierorts angenehme Stunden verlebt haben. Nun zur Sache. Wir wären Ihnen zu Dank verflichtet, wenn Sie sich der untenstehenden Angelegenheit annehmen könnten. Es würde sich darum handeln, den Kontakt mit einem jungen deutschem Spieler, den wir wenn möglich nach Lausanne kommen lassen möchten, herzustellen. Es handelt sich um Uve S e e l e r . Der Mann spielte kürzlich in der deutschen Junioren-Nationalmannschaft, die den FIFA-Final gegen Spanien bestritt. Er ist Mittelstürmer und Mitglied des Hamburger Sportvereins. Es dürfte sich zweifelsohne um einen talentiersten Spieler handeln. Es wäre nun abzuklären, ob der junge Mann sich für einen Schweizer Aufenthalt entschliessen und in die Reihen des Lausanne-Sports treten könnte. Es wäre vielleicht tunlich, sich mit den Eltern des jungen Mannes in Verbindung zu setzen und zu sondieren. Es wäre für uns auch interessant zu wissen, ob der Mann berufstätig ist, was er für ein Handwerk betreibt oder ob er Student ist. Wir möchten dies-

...pe suisse 1931-1935, 1938-1939, 1943-1944, 1949-1950 — Champion suisse : 1912-1913, 1931-1932, 1934-1935, 1935-1936, 1943-1944, 1950-1951

Mit vorzüglicher Hochachtung
Für die Technische Kommission des
LAUSANNE-Sports:

...suisse 1934-1935, 1938-1939, 1943-1944, 1949-1950 — Champion suisse : 1912-1913, 1931-1932, 1934-1935, 1935-1936, 1943-1944, 1950-1951

Lausanne-Sports an Herrn Biedermann in Sachen UWE SEELER

Lausanne, le 3. Mai 1954.

Herrn B i e d e r m a n n ,
c/o Frumentun G.m.b.H.,
H a m b u r g 36.

Sehr geehrter Herr Biedermann,

Sie werden überrascht sein, wenn wir uns erlauben, mit einem Begehren an Sie zu gelangen. Sie werden sich aber wohl noch gut an Ihren Aufenthalt in Lausanne erinnern und wir hoffen, dass Sie hierorts angenehme Stunden verlebt haben. Nun zur Sache. Wir wären Ihnen zu Dank verflichtet, wenn Sie sich der untenstehenden Angelegenheit annehmen könnten. Es würde sich darum handeln, den Kontakt mit einem jungen deutschen Spieler, den wir wenn möglich nach Lausanne kommen lassen möchten, herzustellen. Es handelt sich um Uve S e e l e r . Der Mann spielte kürzlich in der deutschen Junioren-Nationalmannschaft, die den FIFA-Final gegen Spanien bestritt. Er ist Mittelstürmer und Mitglied des Hamburger Sportvereins. Es dürfte sich zweifelsohne um einen talentierten Spieler handeln. Es wäre nun abzuklären, ob der junge Mann sich für einen Schweizer Aufenthalt entschliessen und in die Reihen des Lausanne-Sports treten könnte. Es wäre vielleicht tunlich, sich mit den Eltern des jungen Mannes in Verbindung zu setzen und zu sondieren. Es wäre für uns auch interessant zu wissen, ob der Mann berufstätig ist, was er für ein Handwerk betreibt oder ob er Student ist. Wir möchten diesbezüglich sofort einwenden, dass wir dem Mann so oder so behilflich sein könnten. Er kann in Lausanne die Studien fortsetzen oder auch hier in Arbeit treten. Es wird uns gelingen, ihm ebenso gute Lebensbedingungen zu bieten (wenn nicht noch bessere), wie in Hamburg. Dabei hätte er im weitern die Möglichkeit, die französische Sprache zu erlernen.

Wäre es Ihnen vielleicht möglich, in diesem Sinne für uns etwas zu tun und uns möglichst bald Mitteilung zu machen, ob wir vielleicht dirkt mit Herrn Seeler in Verbindung treten könnten. Wir würden sofort die Möglichkeit eines Arrangements und diejenige eines Transfers nach Lausanne prüfen. Wir würden Ihnen natürlich Ihre Spesen vergüten. Wir interessiren uns für diesen Spieler, speziell wegen seines jungen Alters. Wir benötigen für unsere erste Mannschaft (die in dieser Saison wieder eine hervorragende Rolle gespielt hat) einen qualifizierten Spieler, der den Posten eines Mittel- oder Innenstürmers ausfüllen könnte, wobei wir, wie schon erwähnt, erklären, dass wir Herrn Seeler mit sehr günstigen Vorschlägen aufwarten können.

Wir hoffen gerne, dass Sie uns diesen Dienst erweisen können; wir danken Ihnen zum voraus für Ihre geschätzten Bemühungen und für Ihre Intervention. Wir gewärtigen gerne Ihre freundlichen Nachrichten. Wollen Sie bitte Ihre Zeilen an Herrn Robert Pache, Prêts-Crédits Galeries St-Francois A in Lausanne richten.

Mit vorzüglicher Hochachtung
Für die Technische Kommission des LAUSANNE-Sports:
R. Pache

Uns Uwe" – so wird Uwe Seeler von den Hamburgern noch heute gerne genannt. „Uns" steht dabei für „unser". Besitzanzeigendes Fürwort. Seeler gehört den Hamburgern, weil er zum HSV gehört. Nie hat er den Verein verlassen.

Dabei ist dieses „Uns" durchaus kritisch zu sehen. Nicht das „Uns" der Fans in Bezug auf ihr Idol Uwe Seeler, sondern das „Uns", bei dem ein Mensch jemand anderem gehört. Im Profisport werden Spieler auf Transfermärkten mal höher und mal niedriger gehandelt, sie werden gekauft und wieder verkauft, die Vereine pflegen eine Einkaufspolitik. Die Sprache verrät es deutlich: Der Sport ist ökonomisiert, der Sportler eine Ware. Dies gilt beileibe nicht nur für erwachsene, gereifte und mündige Sportler, die selbst entscheiden können, ob sie das Spiel mitmachen und zu welchem Preis sie ihre Haut zu Markte tragen. Längst blasen die großen Fußballclubs dieser Welt zur Hatz auf junge Talente. Die erhalten in den Sportinternaten natürlich eine hervorragende schulische Ausbildung, aber es geht auch darum, wertvolle Sportler

UWE SEELER wurde am 5. November 1936 in Hamburg geboren. Bereits sein Vater, der Hafenarbeiter Erwin Seeler, war ein großer Fußballer. „Old Erwin" war als Arbeitersportler und von 1938 bis 1949 als Stürmer beim Hamburger SV ein Idol. Auch Uwes älterer Bruder Dieter spielte für den HSV. Uwe Seeler selbst machte eine noch bedeutendere Karriere und gilt immer noch als einer der besten deutschen Stürmer aller Zeiten. Auch wenn er nie Weltmeister wurde und keinen großen internationalen Vereinstitel gewann, war er viele Jahre der bekannteste und beliebteste deutsche Fußballer überhaupt. Bis heute ist er das lebende Aushängeschild des HSV. Sein größter internationaler Triumph war der Gewinn der Vizeweltmeisterschaft im Jahr 1966 in England, bei dem die Deutschen im Finale von Wembley (das Spiel mit dem Phantomtor) gegen die gastgebenden Engländer verloren.

Uwe Seeler war schon als Jugendlicher ein Riesentalent: Sein Debüt in der Oberliga Nord feierte er 1954 als Siebzehnjähriger – das hieß, dass er nur mit einer Sondergenehmigung des DFB spielen durfte. In seiner ersten Oberligasaison schoss er 28 Tore in 26 Spielen, bis zum Beginn der Bundesliga im Jahr 1963 erzielte er in 237 Oberligaspielen 267 Tore. Seine Nationalmannschaftskarriere begann 1954. Am 16. Oktober wurde der noch nicht ganz Achtzehnjährige von Sepp Herberger beim Spiel gegen Frankreich

heranzuziehen und damit wirtschaftlichen Mehrwert zu schaffen. Fußball ist Big Business. Wenn Geld Tore schießt, sind Kinder ein Investment. Und wenn ein Verein bei einem anderen Club ein besonderes Talent entdeckt, kann es schon mal sein, dass selbst Jungen heftig umworben werden. Der Weltfußballer Lionel Messi etwa wechselte schon als Dreizehnjähriger von den Newell's Old Boys aus Argentinien in die berühmte Fußballschule des FC Barcelona, La Masia.

So ist es heute. Aber wann hat das angefangen mit dem Handel mit Minderjährigen? Ein neu entdecktes Schreiben vom 3. Mai 1954, das heute im HSV-Museum liegt, führt zu den Anfängen der Transfermärkte. In diesem Brief streckte der damalige Schweizer Spitzenclub Lausanne die Fühler nach dem siebzehnjährigen Nachwuchsstürmer Uwe Seeler aus. Noch wurde nicht, wie heute, mit dicken Geldbündeln herumgewedelt. Der Verein aus dem Waadtland fragte nach einiger Schmeichelei lediglich brav nach, welchem Handwerk der junge Mann nachgehe oder ob er studiere, und bekräftigte, dem Fußballer Uwe Seeler mindestens „ebenso gute Lebensbedingungen" bieten zu können wie daheim in Hamburg. Das war keine große Kunst, zumal 1954 in den deutschen Städten noch die letzten Bombentrümmer und Schutthügel darauf warteten, abgetragen zu werden.

Für den jungen Uwe Seeler war das Angebot durchaus lukrativ und interessant – bis heute erinnert sich Seeler detailliert an den Vorfall. Wie er in Zeitungsinterviews verriet, beharrte aber sein Vater darauf, dass er erst seine Berufsausbildung zum Speditionskaufmann beendete. Damit war der Wechsel in die Schweiz vom Tisch.

Einige Jahre später erhielt Seeler neue Angebote aus dem Ausland, bei denen die interessierten Vereine Zahlen sprechen ließen. Real Madrid wollte den Stürmer 1960 kaufen, im Jahr darauf bot Inter Mailand sagenhafte 900 000 Mark Handgeld und 1,5 Millionen Mark Transfersumme. Seeler ließ sich aber nicht verkaufen – und schon gar nicht für dumm. Er blieb im Lande, nährte sich redlich und wurde ein Idol.

eingewechselt. Damit ist Seeler bis heute der drittjüngste Nationalspieler in der Geschichte des DFB.

1963 gewann Seeler mit dem HSV den DFB-Pokal; im Finale schoss er alle Tore zum 3:0-Endstand. Im ersten Bundesligajahr wurde der HSV nur Sechster, Seeler aber mit 30 Toren in 30 Partien Torschützenkönig. 1965 erlitt er eine schwere Sportverletzung, beim Spiel gegen Eintracht Frankfurt zog er sich einen Riss der Achillessehne zu. Ganz Deutschland schickte Blumen und Briefe an sein Krankenbett. Ein Achillessehnenriss bedeutete damals eine sehr schwere und kaum zu kurierende Verletzung, Seeler stand mit noch nicht einmal 30 Jahren vor dem Karriereende. Eine Sehnentransplantation gelang jedoch und Seeler kämpfte sich zurück in den Sport und die Nationalmannschaft, die er 1966 als Kapitän zur WM nach England führte. Am 9. September 1970 bestritt Uwe Seeler das letzte seiner 72 Länderspiele, in denen er 43 Tore geschossen hatte. Außerdem war er Teilnehmer an den Weltmeisterschaften 1958, 1962, 1966 und 1970, wurde bei 21 WM-Begegnungen eingesetzt – und konnte bei allen WM-Teilnahmen mindestens ein Tor erzielen. Tore bei 4 Weltmeisterschaften, dieses Kunststück gelang außer ihm nur Pelé.

Uwe Seeler, der drei Mal zum Fußballer des Jahres gewählt wurde, war der Inbegriff des torgefährlichen athletischen Mittelstürmers. Er rackerte bis zum Umfallen und schoss dann, wenn es sein musste, auch im Liegen und Sitzen noch Tore: mit dem Knie, dem Hinterkopf oder als Seitfallzieher. Er galt und gilt als allürenfreier und fairer Sportler. In seiner gesamten Laufbahn wurde er nur ein einziges Mal vom Platz gestellt. Uwe Seeler ist seit 1959 verheiratet und hat mit seiner Frau Ilka (einer ehemaligen Handballspielerin beim HSV) drei Töchter. Der Sohn seiner Tochter Frauke, Levin Öztunali, gilt als vielversprechendes Fußballtalent und wird natürlich beim HSV ausgebildet. Im Oktober 2010 gab der junge Mann seinen Einstand in der deutschen U-15-Nationalmannschaft.

Nach dem Ende seiner sportlichen Karriere wurde Seeler Inhaber einer erfolgreichen Bekleidungsfirma und arbeitete als Repräsentant für einen Sportartikelhersteller. Von 1995 bis 1998 war er Präsident des HSV. 2003 wurde Uwe Seeler als erster Sportler Ehrenbürger seiner Heimatstadt Hamburg.

Москва. Улица Горького

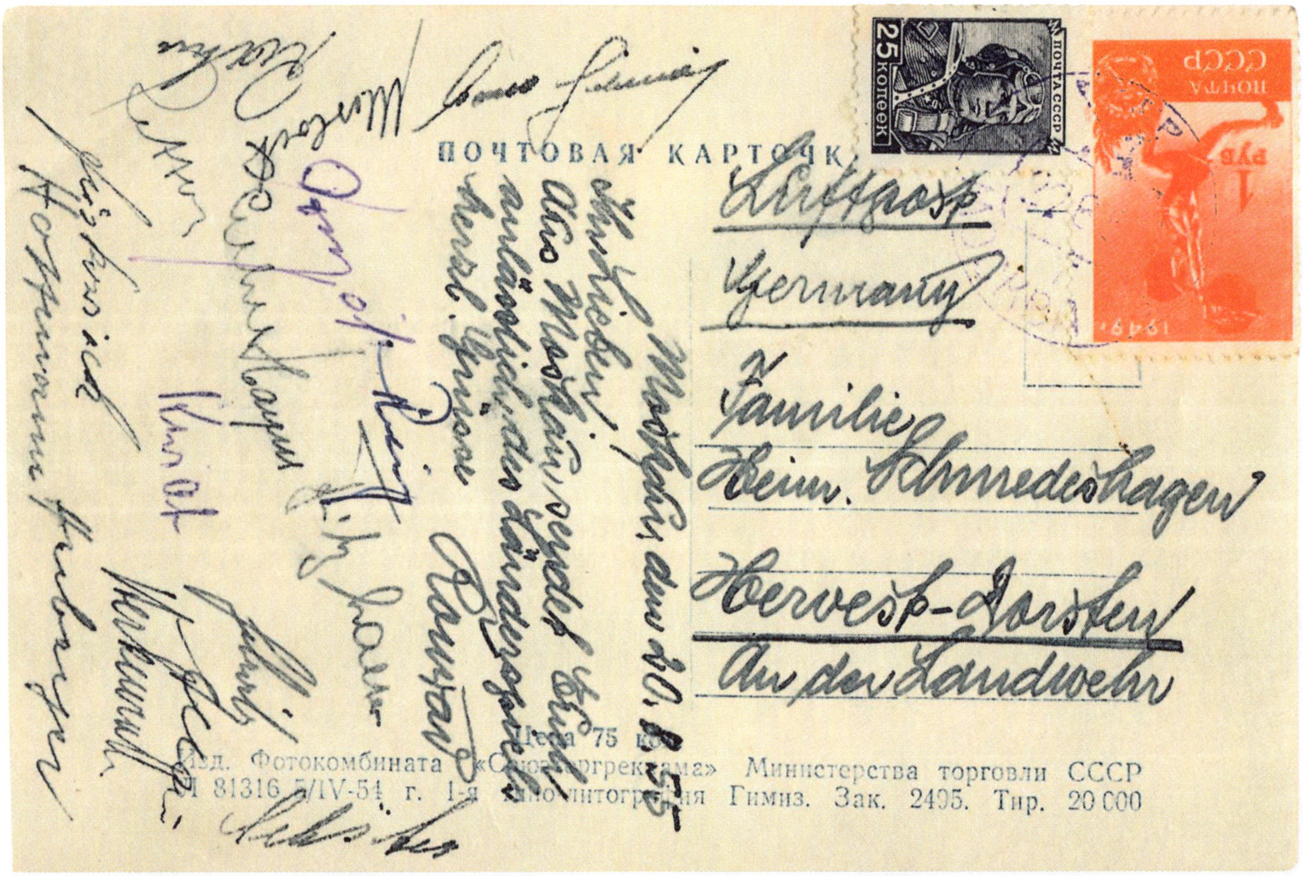
25 копеек
почта СССР
почта СССР
1 руб
1949
ПОЧТОВАЯ КАРТОЧК
Luftpost
Germany
Familie
Heinr. Schmedeshagen
Herwest-Dorsten
An der Landwehr
Цена 75 к
Изд. Фотокомбината «Союзторгреклама» Министерства торговли СССР
Л 81316 5/IV-54 г. 1-я литография Гимиз. Зак. 2495. Тир. 20 000

DIE DEUTSCHE FUSSBALLNATIONALMANNSCHAFT
und Konrad Schmedeshagen an dessen Familie

Luftpost
Germany

Familie
Heinr. Schmedeshagen
Hervest-Dorsten

Moskau, den 20.8.55

Ihr Lieben!
Aus Moskau sendet Euch anlässlich des Länderspiels herzl. Grüsse
Konrad

[Unterschriften der Mitglieder der deutschen Fußballnationalmannschaft:]
[Erich] Retter, [Helmut] Rahn, [Max] Morlock, Werner Liebrich, [Rudolf] Hoffmann, [Erich] Juskowiak, [Horst] Eckel, [Josef] Posipal, [Heinrich] Kwiat[kowski], [Gerhard] Harpers, [Josef] Röhrig, [Sepp] Herberger, [Fritz] Herkenrath, [Karl] Mai, [Willi] Schröder, Fritz Walter, [Hans] Schäfer

Liebesgrüße aus Moskau. Heutzutage ist ein Freundschaftsspiel der deutschen Fußballnationalmannschaft in Russland nichts Besonderes mehr. Aber 1955? Die Schrecken der nationalsozialistischen Herrschaft und des Zweiten Weltkriegs, der 27 Millionen Opfer aufseiten der Sowjetunion gefordert hatte, lagen gerade einmal zehn Jahre zurück, noch sechs Jahre vorher hatten die Sowjets Berlin blockiert, zwei Jahre zuvor war der Aufstand vom 17. Juni niedergeschlagen worden, nur wenige Monate vor dem Fußballspiel war die Bundesrepublik Deutschland der NATO beigetreten. Und noch immer saßen deutsche Kriegsgefangene in den Lagern der Sowjets. In der Zeit also ein „Freundschafts"-Spiel? Die Reise der deutschen Fußballnationalmannschaft in die Machtzentrale des Ostblocks war mehr als ein Sportereignis. Das Aufeinandertreffen war ein Politikum.

Tatsächlich hatte die Sowjetunion erst nach dem Zweiten Weltkrieg angefangen, sich im großen Stil an internationalen Sportwettkämpfen zu beteiligen – um, so der Gedanke, als neue Weltmacht auch im sportlichen Bereich den kapitalistischen Ländern selbstbewusst entgegenzutreten und die vermeintliche eigene Überlegenheit zu demonstrieren. Der Kalte Krieg mit seinem ideologischen Kräftemessen beherrschte nun auch den Fußball. Westdeutschland war dabei ein Gegner der Sowjets, politisch wie sportlich.

Immerhin hatte die deutsche Nationalmannschaft gut ein Jahr zuvor im legendären Finale von Bern gegen Ungarn gewonnen. Es ging also für die Sowjetunion

ПОД Р

ПОД ЗНАМЕНЕМ МАРКСА–ЭНГЕЛЬСА–ЛЕНИНА–СТАЛИНА,
ДСТВОМ КОММУНИСТИЧЕСКОЙ ПАРТИИ–ВПЕРЕД, К ПОБЕДЕ КОММ
GRUSS DEN SPORTLERN
DER DEUTSCHEN BUNDESREPUBLIK !

gegen den amtierenden Fußballweltmeister. Aber das Spiel hatte dadurch noch zusätzliche Brisanz, dass es knapp drei Wochen vor dem mit Spannung erwarteten Staatsbesuch von Konrad Adenauer in der Sowjetunion stattfand. Die Fußballer waren also, um in der Sprache des Kalten Krieges zu bleiben, die symbolische Vorhut des Staatsgastes.

Es war klar, dass die Sowjetunion das Spiel propagandistisch aufladen und für ihre politischen Zwecke nutzen würde. Und selbstverständlich gab das Regime der Sowjetunion alles, um sich vor den deutschen Sportlern und der Welt ins beste Licht zu rücken. Die Ankunft der Fußballer wurde triumphal gefeiert, die Mannschaft in einem Moskauer Luxushotel einquartiert. Die damals noch gar nicht verwöhnten westdeutschen Kicker jedenfalls staunten nicht schlecht über die feudale Unterbringung, die so gar nicht ins Bild der sozialistischen Tristesse passen wollte.

Auch gegenüber dem eigenen Volk fuhren die Sowjets ihre Propaganda-Maschinerie hoch und inszenierten die Partie als Beweis eigener Stärke, aber auch der Bereitschaft zur Völkerverständigung. Das Spiel wurde live im sowjetischen Fernsehen übertragen und selbst für so etwas wie Public Viewing war gesorgt. Fanmeilen gab es seinerzeit natürlich noch nicht. Dafür konnten die Moskauer Bürger das Spiel in vielen Kinos auf der ganz großen Leinwand ansehen. Sogar die noch inhaftierten deutschen Kriegsgefangenen in den Lagern bekamen die Erlaubnis, das Spiel am Radio zu verfolgen.

Während der Ostblock versuchte, die Begegnung mit politischen Inhalten zu überfrachten, arbeitete der Westen daran, die Bedeutung der Partie herunterzuspielen und den propagandistischen Erfolg der UdSSR zu schmälern. Westdeutsche Sportfunktionäre, die vonseiten der DDR Einladungen zum Spiel in Moskau erhalten hatten, wurden angehalten, diese nicht anzunehmen. Dass das Spiel im Westfernsehen nicht live übertragen wurde, hatte aber keine politischen Gründe, dies war seinerzeit technisch noch nicht machbar. Dafür gab es immerhin einen Radiobericht. Am Mikrofon: Rudi Michel und Herbert Zimmermann, im Jahr zuvor Kommentator des Endspiels von Bern. Am folgenden Tag wurde eine Aufzeichnung im deutschen Fernsehen ausgestrahlt, ebenso in der DDR.

Den Menschen in der Bundesrepublik Deutschland, in der DDR und auch in der Sowjetunion waren die Begleiterscheinungen aus Propaganda und Gegenpropaganda einerlei. Sie zeigten großes Interesse – weniger für die diversen weltpolitischen Machtspielchen als für das Fußballspiel.

Bei allem Misstrauen, aller politischer Vereinnahmung: Das Freundschaftsspiel vom 21. August 1955 war damit auch ein Signal für einen entspannteren Umgang miteinander, zehn Jahre nach dem Ende des Krieges. Deshalb wähnten sich einige deutsche Fußballspieler in der Rückschau sogar in einer politischen Vermittlerrolle – der eine oder andere glaubte, das Spiel hätte Kanzler Adenauer den Weg für seine folgenden Verhandlungen um die Freilassung der Kriegsgefangenen geebnet. Das ist nach Meinung heutiger Sporthistoriker, die das Spiel und seine Rahmenbedingungen wissenschaftlich

Der Fußballfunktionär **KONRAD SCHMEDESHAGEN** wurde am 18. September 1897 in Gelsenkirchen geboren. Er spielte als Fußballer aktiv zunächst beim SV Alemannia Gelsenkirchen, später bei Schalke 04. Im Jahr 1922 war Schmedeshagen einer der Gründer des SV Westfalia Schalke 22 und in den 1930er Jahren Vorsitzender des Vereins. Nach Ende des Zweiten Weltkriegs war Schmedeshagen maßgeblich am Aufbau der Oberliga West beteiligt. Diese bildete eine von fünf höchsten Spielklassen im westdeutschen Fußballbetrieb, deren Bestplatzierte um die Deutsche Meisterschaft spielten und aus denen 1963 die Bundesliga hervorging. In der Saison 1946/47 war Schmedeshagen technischer Leiter der Oberliga West. In der Folgezeit war er auch für den DFB aktiv, 1950 übernahm Schmedeshagen den Vorsitz des Westdeutschen Fußballverbands (WFV), den er bis zu seinem Tod innehatte. 1955 reiste Schmedeshagen als DFB-Funktionär mit der Nationalmannschaft nach Moskau. Am 30. Mai 1969 starb Konrad Schmedeshagen an den Folgen eines Herzinfarkts.

analysiert haben, aber eher Wunschdenken denn verbürgte Wahrheit.

Jedenfalls fiel das Aufeinandertreffen der westdeutschen und der sowjetischen Fußballelite in eine spannende Zeit. Das Spiel soll aber auch unter fußballerischen Gesichtspunkten interessant und sehenswert gewesen sein. Wie es ausging? Am Ende besiegten die Sowjets im mit 80 000 Zuschauern ausverkauften Moskauer Dinamo-Stadion Sepp Herbergers Weltmeisterteam um Helmut Rahn, Fritz Walter und Max Morlock mit 3:2.

Jean HEBERT
ALENÇON

2/7

Cher camarade Sportif~~s~~.

J'ai appris par des témoins que vous m'aviez sauvé la vie lors de l'accident que j'ai eu au 24 Heures du Mans vers 22H samedi soir avec l'Alfa Romeo N°37

Permettez moi de vous dire toute ma sympathie et de vous adresser tous mes remerciements pour le geste que vous avez fait en vous arretant pour me porter secours. J'étais évanoui et ne me suis rendu compte de rien. Peut été sans vous je ne me serai jamais reveillé.

Je sais que vos occupations vous laissent peu de temps, mais si vous pouviez me dire où et dans quel état vous m'avez trouvé je serais comptent d'éclai~~rcir~~ le mystère. Certains disent que j'étais sur la route, d'autres que vous m'avez sorti de la voiture.

En vous renouvellant mes remerciements je demeure sincèrement votre.

Jean Hebert

Briefwechsel zwischen JEAN HÉBERT und WOLFGANG GRAF BERGHE VON TRIPS

Jean HEBERT
ALENÇON

Bester Sportkamerad,

von Zeugen habe ich erfahren, dass Sie mir bei meinem Unfall im Alfa Romeo Nummer 37 während des 24-Stunden-Rennens von Le Mans am Samstagabend gegen 22 Uhr das Leben gerettet haben.

Erlauben Sie mir, Ihnen meine tiefe Verbundenheit auszudrücken und meinen herzlichen Dank für die Tat, die Sie vollbrachten, indem Sie anhielten und mir Hilfe leisteten. Ich war ohnmächtig und habe nichts davon gemerkt. Vielleicht wäre ich ohne Sie nie mehr aufgewacht.

Ich weiß, dass Sie ein viel beschäftigter Mann sind, würde mich jedoch freuen, wenn Sie mir sagen könnten, wo und in welchem Zustand Sie mich angetroffen haben, dann könnte ich dieses Rätsel lösen. Einige sagen, dass ich auf der Fahrbahn lag, andere, dass Sie mich aus dem Auto herausgeholt haben.

Ich bedanke mich nochmals bei Ihnen und verbleibe
mit freundlichen Grüßen
Jean Hébert

WOLFGANG BERGHE v. TRIPS MÜNCHEN 13

Wolfgang von Trips

Horrem / Köln

Burg Hemmersbach

9. August 58

Sehr geehrter Herr Hebert !

Verzeihen Sie bitte erstens daß ich erst heute schreibe ,aber ich fand leider eher keine Zeit ,auch ,daß ich nicht in Französisch antworte aber dazu beherrsche ich die Sprache zu schlecht .

Also, die Sache war so :
kurz bevor ich in die rechtskurve am Ende der langen Graden einfuhr , sah ich einen gewaltigen Feuerscheinund im selben Moment einige Teile eines Wagens auf der Straße liegen . Ich versuchte auszuweichen doch gelang es mir nicht ganz und mein Wagen drehte sich ,allerdings erst bei geringer Geschwindigkeit . Ich fuhr auf den Grünstreife n rechts neben der Straße stieg aus um zu sehen ob ich helfen könnte, denn es war weit und breit kein Mensch zu sehen . So gewahrte ich auch Sie halb auf der Straße liegend und zog Sie mit einiger Anstrengung einige Meter auf den Rasen . Sie schienen nicht bei Bewustsein zu sein und stöhnten , jedenfalls haben Sie auf einige Fragen die ich stellite nichr reagiert . Sie lagen auf dem Rücken und schienen keine äußeren Verletzungen zu haben . außer soweit ich mich entsinne und es in der Beleuchtung des brennenden Wagens sehen konnte im Gesicht . Ich habe dann noch die größten Autoteile von der Rennbahn gezogen ,und bin als ich keinen weiteren Fahrer finden konnte (ich dachte es müsse einer da sein wegen des zweiten Wagens) weitergefahren ,als ich sah ,daß sich Menschen mit Laternen näherten ,und somit Hilfe für Sie unterwegs war .

Ich hoffe es geht Ihnen wieder gut und würde mich freuen Sie einmal wohl auf bei irgend einem Rennen begrüßen zu können .

Zur Veranschaulichung lege ich eine Skize bei .

Es grüßt Sie herzlich

Ihr

W.v. Trips

Briefwechsel zwischen JEAN HÉBERT und WOLFGANG GRAF BERGHE VON TRIPS

Wolfgang von Trips
Horrem / Köln
Burg Hemmersbach

9. August 58

Sehr geehrter Herr Hebert!

Verzeihen Sie bitte erstens daß ich erst heute schreibe, aber ich fand leider eher keine Zeit, auch, daß ich nicht in Französisch antworte aber dazu beherrsche ich die Sprache zu schlecht.

Also, die Sache war so:
kurz bevor ich in die rechtskurve am Ende der langen Graden einfuhr, sah ich einen gewaltigen Feuerschein und im selben Moment einige Teile eines Wagens auf der Straße liegen. Ich versuchte auszuweichen doch gelang es mir nicht ganz und mein Wagen drehte sich, allerdings erst bei geringer Geschwindigkeit. Ich fuhr auf den Grünstreifen rechts neben der Straße stieg aus um zu sehen ob ich helfen könnte, denn es war weit und breit kein Mensch zu sehen. So gewahrte ich auch Sie halb auf der Straße liegend und zog Sie mit einiger Anstrengung einige Meter auf den Rasen. Sie schienen nicht bei Bewustsein zu sein und stöhnten, jedenfalls haben Sie auf einige Fragen die ich stellte nichr reagiert. Sie lagen auf dem Rücken und schienen keine äußeren Verletzungen zu haben. außer soweit ich mich entsinne und es in der Beleuchtung des brennenden Wagens sehen konnte im Gesicht. Ich habe dann noch die größten Autoteile von der Rennbahn gezogen, und bin als ich keinen weiteren Fahrer finden konnte (ich dachte es müsse einer da sein wegen des zweiten Wagens) weitergefahren, als ich sah, daß sich Menschen mit Laternen näherten, und somit Hilfe für Sie unterwegs war.

Ich hoffe es geht Ihnen wieder gut und würde mich freuen Sie einmal wohl auf bei irgend einem Rennen begrüßen zu können.
Zur Veranschaulichung lege ich eine Skize bei.

Es grüßt Sie herzlich
Ihr
W. v. Trips

Briefwechsel zwischen JEAN HÉBERT und WOLFGANG GRAF BERGHE VON TRIPS

Rennsport, vor allem die Formel 1, ist heute Höchstleistungssport. Die Fahrer: vollkommen austrainierte Knaben, aufgewachsen auf der Kartbahn, trotz ihrer jungen Jahre Hunderttausende Rennkilometer auf dem Buckel, mit Biografien wie aus dem Windkanal – und immer nett, freundlich und politisch korrekt, denn die Fernsehkameras lauern überall und finanzkräftige Sponsoren sind vor allem an stromlinienförmigen Vorzeigesportlern interessiert. Die Rennställe: hochprofessionelle konzernähnliche Gebilde, bestehend aus Heerscharen von Ingenieuren, Technikern, Materialwissenschaftlern, Marketingstrategen. Die Autos: ultraleichte, komplett durchgestylte Gerätschaften, so hochgezüchtet, dass die Rennveranstalter immer wieder das Reglement verändern und Budgetbremsen einführen müssen, um zu verhindern, dass nur das große Geld das Rennen macht. Zum Glück sind die Autos aber gerade durch dieses Geld so sicher geworden, dass die Fahrer selbst nach einer Karambolage mit 300 Sachen unverletzt einem Trümmerhaufen entsteigen.

Der Rennsport ist also „clean" geworden. Nichts, aber auch gar nichts mehr ist improvisiert. Und dennoch geht nach wie vor eine unglaubliche Faszination davon aus, wenn Männer in höllischem Tempo im Kreis fahren. Zum einen bietet der Rennsport auch heute noch, bei aller unterkühlten Professionalität, unvergleichliche sinnliche Erfahrungen. Wer einmal an der Rennstrecke stand, der weiß: Ein Rennen ist grell und bunt, es ist ohrenbetäubend laut, es stinkt nach Benzin und Öl und verbranntem Gummi, man glaubt fast, den Gestank auf der Zunge spüren zu können. Zum anderen lebt der Rennsport aber auch von seiner Geschichte, den goldenen Zeiten der 1950er und 1960er Jahre. Damals waren die Rennställe das semiprofessionell betriebene Privatvergnügen einiger reicher Exzentriker. Die Autos waren kaum mehr als auffrisierte Sportwagen ohne Kotflügel – Lichtjahre von den Hightechfahrzeugen unserer Zeit entfernt. Und die Fahrer? Sie waren weit weniger fit als die Fahrer heute. Dafür waren sie gestandene Männer.

WOLFGANG GRAF BERGHE VON TRIPS wurde am 4. Mai 1928 als einziges Kind des Reichsgrafen Eduard Berghe von Trips und seiner Frau Thessa in Köln geboren und wuchs auf dem alten Stammsitz der Familie, der Burg Hemmersbach in Horrem bei Köln, auf. Nach seinen eigenen Worten verlebte er dort eine herrliche Kindheit. Schon in jungen Jahren kam er mit dem Motorsport in Berührung, durfte seine Eltern zu Autorennen auf dem Nürburgring begleiten. Nach frühen Versuchen auf dem Motorrad bestritt er Anfang der 1950er Jahre erste Autorennen. Um dies vor den besorgten Eltern zu verbergen, legte er sich anfangs als Rennfahrer das Pseudonym „Axel Linther" zu.

Seine berufliche Karriere – zwischen 1951 und 1953 absolvierte er an der Kölner Rohloff-Schule eine kaufmännische Ausbildung, im Anschluss besuchte er die höhere Landwirtschaftschule in Brühl und ab 1955 arbeitete er als Volontär bei dem Münchner Bankhaus Aufhäuser – trat gegenüber dem Rennsport immer mehr in den Hintergrund. Der wagemutige Adelsspross fuhr in verschiedenen Klassen von Sieg zu Sieg und stieg 1956 als Testfahrer und im Jahr darauf als regulärer Fahrer bei Ferrari in die Formel 1 ein. Wie damals üblich, bestritt er neben den Grands Prix weiterhin Rennen anderer Klassen. Dabei sammelte er zahlreiche Spitznamen: Mal wurde er aufgrund seiner zahlreichen Unfälle etwas abfällig „Count Crash" genannt, meistens aber liebevoll „Taffy".

So wenig sich Wolfgang Graf Berghe von Trips bei seinen Rennen schonte und so selbstbewusst er auftrat, so fair und hilfsbereit zeigte er sich gegenüber seinen Kollegen. 1957, also ein Jahr, bevor er Jean Hébert in Le Mans das Leben rettete, lag der Graf bei der Mille Miglia an zweiter Position hinter dem 51-jährigen Piero Taruffi. Als er diesen überholen wollte, bemerkte Trips, dass Taruffi technische Probleme hatte und brach das Überholmanöver ab. Taruffi gewann das Rennen und Trips gab später als Begründung für seine sportliche Geste zu Protokoll, es sei kein fairer Kampf mehr gewesen.

In der Saison 1961 hatte Wolfgang von Trips bis zum Großen Preis von Italien in Monza bereits 33 Punkte eingesammelt und war auf dem besten Weg, als erster Deutscher Formel-1-Weltmeister zu werden. In diesem Rennen, am 10. September 1961, verunglückte der Graf tödlich. Sein Teamkollege Phil Hill gewann den „Gran Premio di Monza" und später auch mit 34 Punkten die Weltmeisterschaft. Graf Berghe von Trips wurde postum nicht nur Vizeweltmeister, sondern auch zum Sportler des Jahres 1961 gewählt.

Tollkühne Abenteurer, Gentlemen, Adlige und Geldadlige, Frauenhelden. Männer wie Wolfgang Graf Berghe von Trips.

Rainer W. Schlegelmilch kennt diese Zeiten aus den Anfängen seines Berufslebens. Der bekannte Fotograf ist seit mehr als 50 Jahren auf den Rennsport fokussiert. Schlegelmilch fotografiert das Geschehen auf der Strecke und die Situationen abseits davon. Oft porträtierte er die Frauen der Fahrer. Seine Bilder bezeugen: Die Frauen, die damals oft mit der Stoppuhr in der Hand das Renngeschehen verfolgten, waren schön und glamourös, trugen Mode aus Paris. In ihrem Gepäck hatten sie, dies weiß Schlegelmilch, weil es ihm Nina Rindt, die Frau des am 5. September 1970 in Monza tödlich verunglückten Rennfahrers Jochen Rindt, erzählt hat, immer ein schwarzes Kleid. Makaber, aber notwendig, weil das Rennwochenende zwei- bis dreimal jährlich mit der Beerdigung eines Fahrers abgeschlossen wurde. Genau diese Todesnähe war es aber gleichzeitig auch, die einen Teil der Faszination des Rennsports ausmachte. Rainer W. Schlegelmilch

JEAN HÉBERT wurde am 15. März 1925 geboren. Als Sohn eines Renault-Werkstattbesitzers wurde ihm der Rennsport in die Wiege gelegt. Hébert war als Fahrer und als Techniker aktiv. Nach seiner Berufsausbildung trat er als Ingenieur in die Abteilung für Versuchsmotoren der Staatlichen Renault-Werke ein. Dort arbeitete er ab 1954 an der Entwicklung eines Turbinenautos und steuerte den berühmten Renault „Étoile filante" als Testfahrer und bei Rekordversuchen auch selbst. Mit diesem Auto stellte Jean Hébert am 5. September 1956 auf dem ausgetrockneten Salzsee der Bonneville Salt Flats im US-Bundesstaat Utah den prestigeträchtigen Geschwindigkeitsweltrekord auf, mit damals schier unglaublichen 307 Kilometern pro Stunde. Zusätzlich fuhr Hébert in den 1950er Jahren zahlreiche Rallyes, 1954 und 1958 auch die 24 Stunden von Le Mans. Beim zweiten Start verunglückte Jean Hébert, wobei der Rennkollege Wolfgang Graf Berghe von Trips den Verunglückten vom brennenden Wagen wegzog. Ab 1957 arbeitete Jean Hébert als Journalist beim Fachmagazin „Auto journal" und von 1966 bis 1971 beim Rennsportteam Matra, für das in dieser Zeit auch der spätere dreimalige Weltmeister Jackie Stewart fuhr. Jean Hébert starb am 16. Mai 2010 im Alter von 85 Jahren.

sieht dieses goldene Rennsport-Zeitalter kritisch: „Früher war alles anders. Aber nichts besser. Der Tod ist immer mitgefahren. Und ich habe mich oft gefragt, warum ich einen Sport so lieben kann, der die Besten umbringt."

Macht so viel Todesnähe cool? Oder zieht so ein tödlicher Sport coole Persönlichkeiten an? Es mag wohl beides stimmen. Coolness jedenfalls spricht aus dem Briefwechsel zwischen dem französischen Rennfahrer Jean Hébert und Wolfgang Graf Berghe von Trips. In höchst sachlichem Ton – man siezt sich – bedankt sich der Franzose bei seinem „Sportkameraden" unter der Angabe seiner Startnummer und der Uhrzeit dafür, dass dieser ihm beim 24-Stunden-Rennen von Le Mans das Leben gerettet habe, und fragt bescheiden, schließlich sei der Lebensretter ja ein „viel beschäftigter Mann", nach den genauen Umständen der Rettungstat. Der Rennfahrer-Graf erteilt die Auskunft ebenso nüchtern. In wenigen Zeilen berichtet er von einem „gewaltigen Feuerschein" und davon, wie er erst den Verunglückten aus der Gefahrenzone zog und dann noch die Trümmer von der Strecke räumte. Dabei verschweigt Graf Berghe von Trips, dass er zum Zeitpunkt der Rettungstat klar führte. Dafür verhehlt er nicht, dass er den Bewusstlosen liegen ließ, als sich „Menschen mit Laternen näherten", und das Rennen weiterfuhr. Zum Abschluss legt der Graf „zur Veranschaulichung" eine Skizze bei. Fast so wie beim Unfallbericht an die Kfz-Versicherung. Unfall gesehen, Mensch gerettet, Fall erledigt. Nur kein Pathos. Ebenfalls bezeichnend: Zeit seines Lebens verlor Graf Trips kein Wort über seine Heldentat. Die Briefe befanden sich in seinem Nachlass.

Die Todesnähe war da. Todessehnsucht aber nicht. Wie sagte der im Übrigen belesene und kulturell vielfältig interessierte Wolfgang von Trips einmal im Interview? „Ich will 105 Jahre alt werden, um Zeit zu haben, alle Musik zu hören, die ich hören will, alle Bücher zu lesen, die mich interessieren, und alle Frauen zu haben, die ich mir wünsche." Das ist testosterongeschwängert, sicherlich, und klingt für heutige Ohren reichlich sexistisch. Aber diese Aussage stammt eben aus einer Zeit, in der Machogehabe nichts Ehrenrühriges hatte – und manchmal würde man sich so einen Satz von heutigen Rennfahrern wünschen.

Wolfgang Graf Berghe von Trips überfuhr die Ziellinie oft als Erster. Sein Ziel, lebenssatt als Greis dahinzuscheiden, hat er verfehlt. Drei Jahre nach seiner Rettungstat von Le Mans verunglückte er am 10. September 1961 in Monza. Später wurde dieses Rennen zur „schwarzen Stunde der Formel 1" erklärt. In der zweiten Runde kam es zu einer Kollision zwischen Graf von Trips und Jim Clark. Wolfgang Graf Berghe von Trips verlor die Gewalt über seinen Ferrari und raste sich überschlagend in die Zuschauerränge. Dabei kamen 14 Zuschauer ums Leben, 60 weitere wurden verletzt. Dem Grafen blieb es erspart, das Unheil zu erleben, das er angerichtet hatte. Er wurde aus seinem Rennauto geschleudert, brach sich das Genick und war sofort tot.

CITIUS · ALTIUS · FORTIUS

NATIONALES OLYMPISCHES KOMITEE
FÜR
DEUTSCHLAND

Herrn
Armin H a r y
Frankfurt/Main

München, 28.Oktober 196o

Lieber Kamerad Hary!

Nach den für uns so erfolgreich verlaufenen Spielen in Rom möchte ich Ihnen heute noch einmal meinen aufrichtigen Glückwunsch und meine volle Anerkennung für Ihre großartigen Leistungen übermitteln. Gleichzeitig übersende ich Ihnen die goldene Olympiasiegernadel und das dazugehörige Diplom.

Ich gebe der Hoffnung Ausdruck, daß Sie sich inzwischen einigermaßen von den Strapazen der römischen Kämpfe erholt haben. Ich bin der Überzeugung, daß dieser nachhaltige Eindruck, den wir alle von den Spielen bekamen, für Ihr ganzes Leben anhalten wird.

Damit verabschiede ich mich gleichzeitig von meinen braven Olympiakämpfern, denn ich beabsichtige bei der Sitzung des Nationalen Olympischen Komitees für Deutschland im Dezember dieses Jahres mein Amt als Präsident des NOK zur Verfügung zu stellen.

Ich danke Ihnen für Ihre Treue und verbleibe

mit herzlichen und sportlichen Grüßen
Ihr

Karl von Halt

(Dr.Karl Ritter von Halt)
Präsident

GESCHÄFTSSTELLE: MÜNCHEN 22, SCHACKSTRASSE 1/III r. · TELEFON 33 36 87
TELEGRAMM-ADRESSE: NOLKOM MÜNCHEN · BANKKONTO: DEUTSCHE BANK AG. MÜNCHEN NR. 57860
POSTSCHECKKONTO: MÜNCHEN 24004

Karl Ritter von Halt an ARMIN HARY

Herrn Armin H a r y
Frankfurt/Main

München, 28. Oktober 1960

Lieber Kamerad Hary!

Nach den für uns so erfolgreich verlaufenen Spielen in Rom möchte ich Ihnen heute noch einmal meinen aufrichtigen Glückwunsch und meine volle Anerkennung für Ihre großartigen Leistungen übermitteln. Gleichzeitig übersende ich Ihnen die goldene Olympiasiegernadel und das dazugehörige Diplom.

Ich gebe der Hoffnung Ausdruck, daß Sie sich inzwischen einigermaßen von den Strapazen der römischen Kämpfe erholt haben. Ich bin der Überzeugung, daß dieser nachhaltige Eindruck, den wir alle von den Spielen bekamen, für Ihr ganzes Leben anhalten wird.

Damit verabschiede ich mich gleichzeitig von meinen braven Olympiakämpfern, denn ich beabsichtige bei der Sitzung des Nationalen Olympischen Komitees für Deutschland im Dezember dieses Jahres mein Amt als Präsident des NOK zur Verfügung zu stellen.

Ich danke Ihnen für Ihre Treue und verbleibe

mit herzlichen und sportlichen Grüßen
Ihr
Dr. Karl Ritter von Halt
Präsident

Im Schnitt blinzelt ein Mensch alle vier bis sechs Sekunden. Ein 100-Meter-Lauf im Leistungssport ist also nach ein oder zwei Lidschlägen vorbei. Ein bis zwei Lidschläge, in denen Armin Hary zur Legende wurde. Allerdings wird während des 100-Meter-Finallaufs der Herren bei den Olympischen Spielen 1960 in Rom wohl kein Zuschauer geblinzelt haben – zu spannend war dieser bis heute beliebteste olympische Wettkampf, zu fabelhaft sein Ausgang. Armin Hary holte mit 10,2 Sekunden die Goldmedaille für Deutschland. Nur wenige Wochen zuvor hatte Armin Hary bereits geschafft, was bis dahin noch niemandem gelungen war: Er war die 100 Meter in 10,0 Sekunden gelaufen und damit offiziell der schnellste Mensch der Welt.

Karl Ritter von Halt an ARMIN HARY

So rasant wie Harys Lauf war sein Werdegang. Kometenhaft aufgestiegen aus kleinen Verhältnissen, als Autodidakt in kurzer Zeit zur Leichtathletik-Weltspitze vorgedrungen, dort gegen alle Widerstände gekrönt mit den beiden größten möglichen Erfolgen – und mit 24 Jahren, in einem Alter, in dem heute viele Athleten erst richtig durchstarten, vom Leistungssport zurückgetreten. Selbst gemessen an typischen Sportlerkarrieren, die nie so lange anhalten wie ein normales Berufsleben, währte Harys sportliche Laufbahn nur wenige Lidschläge. Den Zeitpunkt setzte er selbst, erleichtert wurde ihm die Entscheidung durch Funktionäre und Teile der Öffentlichkeit, die ihn weit weniger würdigten, als angemessen gewesen wäre. Ihm, dem schnellsten Mann der Welt, wurden trotz seiner Verdienste immer wieder Steine in den Weg gelegt.

Heute engagiert sich Armin Hary für Kinder, denen ebenfalls Steine in den Weg gelegt werden – durch die Armut, in der sie aufwachsen. Und das sind nicht wenige: Über 2,5 Millionen Kinder in Deutschland gelten als arm. Über 2,5 Millionen Kinder, die in Sachen Bildung, Aufstiegschancen, Lebensgestaltung, Selbstverwirklichung massiv benachteiligt sind. Viele von ihnen haben Begabungen, die niemand erkennt und fördert. Und das in einem Land, das über so viel Wohlstand verfügt.

Armin Hary weiß, was Armut bedeutet. Im Zweiten Weltkrieg und danach wuchs er in einer Bergarbeiterfamilie auf, in der es oft nicht mehr als Brot und Kartoffeln zu essen gab. Er bekam nie die Chance, eine weiterführende Schule zu besuchen. Er war, wie er selbst sagt, ein „hungriges Kind". Hungrig nicht nur im wörtlichen Sinn: Er war vor allem hungrig nach mehr Chancen, mehr Möglichkeiten, nach sozialem Aufstieg. Armin Hary wollte etwas erreichen in seinem Leben, er wollte sich seinen Weg aus der Armut selbst frei räumen. Eine klassische Kämpfernatur, einer, von dem man erwartet, dass er sich stets gegen alle Widerstände durchsetzt. Aber er selbst behauptet von sich, dass er wohl kein Spitzensportler geworden wäre, hätte er nicht das Glück gehabt, neben einem Sportplatz aufzuwachsen. Zum Training in einen

ARMIN HARY wurde am 22. März 1937 in Saarbrücken geboren. Sein Vater war Bergmann und in seiner Jugend ein sehr erfolgreicher Ringer. Armin Hary machte nach der Schule eine Ausbildung zum Feinmechaniker und Maschinenschlosser. Er arbeitete später unter anderem in einer Autoschlosserei und bei der Saarländischen Bergwerksdirektion. Mit 15 Jahren begann Harys sportliche Karriere. Zunächst war er als Handballer in der saarländischen Jugendauswahl erfolgreich, mit 16 Jahren wechselte er in die Leichtathletik. Als aktiver Zehnkämpfer beim 1. FC Saarbrücken erreichte Armin Hary 1956 einen neuen saarländischen Punkterekord. 1957 wechselte er zu Bayer 04 Leverkusen und konzentrierte sich auf den Sprint. Mit 10,5 Sekunden gewann er noch im selben Jahr den Titel des deutschen Vizemeisters im 100-Meter-Lauf. 1958 holte er bei den Leichtathletik-Europameisterschaften in Stockholm Gold über 100 Meter und mit der 4 x 100-Meter-Staffel. Ebenfalls 1958 lief Hary bei einem Sportfest in Friedrichshafen zum ersten Mal die Rekordzeit, die ihn zum schnellsten Mann der Welt machen sollte: 10,0. Der Weltrekord blieb ihm allerdings zunächst verwehrt, angeblich war das Gefälle seiner Bahn um einen Zentimeter zu groß gewesen. In dieser Zeit geriet Hary mit den Funktionären der deutschen Leichtathletik immer wieder aneinander. Schließlich nahm er sich eine Auszeit von Deutschland und ging mit einem Stipendium in die USA. Dort begann er am San José State College in Kalifornien ein Sportstudium, brach dieses jedoch nach kurzer Zeit ab.

1960 kam Armin Hary nach Deutschland zurück und nahm an den Qualifikationen für Olympia teil. Er wurde dabei sowohl über die 100- als auch die 200-Meter-Strecke Deutscher Meister. Am 21. Juni 1960 wurde seine Rekordzeit schließlich offiziell anerkannt: Bei einem Sportfest in Zürich lief Hary die 100 Meter in exakt 10,0 Sekunden – zweimal hintereinander, nach einem angeblichen Fehlstart beim ersten Versuch. Auch im 100-Meter-Endlauf der Olympischen Spiele in Rom war Hary zunächst für einen Fehlstart verantwortlich. Doch dann gewann er den Lauf souverän in 10,2 Sekunden. Er holte damit die erste Goldmedaille für einen deutschen 100-Meter-Läufer – und zugleich bis heute die letzte. Auch in der 4 x 100-Meter-Staffel war Hary mit der deutschen Mannschaft erfolgreich und holte, nach der Disqualifikation der Amerikaner, die Goldmedaille.

Neben seiner sportlichen Laufbahn war Hary in verschiedenen kaufmännischen Berufen tätig, bevor er sich schließlich in München als Immobilienmakler selbstständig machte. Ein Autounfall im Herbst 1960, bei dem er sich am Knie verletzte, und eine Sperre des Deutschen Leichtathletik-Verbandes wegen einer angeblich falschen Spesenabrechnung und eines umstrittenen Interviews zwangen Hary dazu, seine sportliche Karriere bis zum 1. Mai 1961 ruhen zu lassen. An dem Tag, an dem die Sperre endete, erklärte

263

anderen Ort fahren – das wäre aus finanziellen Gründen undenkbar gewesen. Auch deshalb versucht Hary heute, Kindern zu helfen, die in einer ähnlichen Situation stecken. Die gar nicht so viel brauchen, ein Paar Laufschuhe vielleicht oder ein paar Euro für den Mitgliedsbeitrag im Sportverein oder ein Fahrrad, um damit zum Training zu radeln. Manche der Kinder, die Harys Stiftung gefördert hat, sind im internationalen Spitzensport angekommen. Andere sind auf dem besten Weg dahin. Und wer weiß, ob nicht in dem einen oder anderen Kind, das er unterstützt, ein Talent von Harys Dimensionen schlummert, das nur ein wenig Anschub braucht?

Armin Hary musste auf diesen Anschub verzichten. Er hatte nur den Sportplatz und einen Wald in der Nähe, in den er sommers wie winters zum Laufen ging. Dennoch schaffte er es, innerhalb weniger Jahre zu einem Spitzenathleten zu werden: ohne Trainer, aber mit unzähligen harten Trainingseinheiten, die er sich selbst vorschrieb. Harys Beispiel offenbart, dass das Nachkriegsdeutschland durchaus etwas von einer Klassengesellschaft hatte. Im Leistungssport herrschte immer noch ein System, das nicht in alle Richtungen bedingungslos durchlässig war. Das Arbeiterkind Armin Hary war unter den Leichtathleten, die für gewöhnlich aus bürgerlichen Elternhäusern stammten und Studenten waren, ein Exot und wurde misstrauisch beäugt. Sein Aufstieg war so einzigartig, sein Talent so gewaltig, dass der Neid seiner Kollegen zum ständigen Begleiter wurde. Und auch die Sportfunktionäre konnten mit dem unangepassten Armin Hary nicht viel anfangen: Er war zwar als Sportler bereit, sich einzuordnen – aber nicht, sich unterzuordnen. Das wurde ihm als Aufmüpfigkeit ausgelegt, in den von strengen Hierarchien und unbedingtem Gehorsam dominierten Sportstrukturen der 50er und frühen 60er Jahre ein Affront. Unter den Sportfunktionären dieser Zeit fanden sich, wie an anderen Stellen der Gesellschaft, etliche ehemalige Nazigrößen, die den Übergang zur BRD weitgehend unbeschadet überstanden hatten. 1968 war noch weit weg. Schnell

Armin Hary seinen Rücktritt vom Leistungssport. Ebenfalls 1961 veröffentlichte Hary seine Autobiografie „10,0".

Seit 2004 kümmert sich Hary hauptsächlich um die sportliche Förderung junger Menschen mit der von ihm gegründeten „Initiative zur kommunalen Förderung junger Sporttalente" (AHA-F). Armin Hary ist verheiratet, hat zwei Kinder und lebt heute in Bayern.

KARL RITTER VON HALT kam am 2. Juni 1891 in München unter dem Namen Karl Ferdinand Halt als Sohn eines Schlossermeisters zur Welt. Er absolvierte nach dem Schulabschluss eine Ausbildung bei der Deutschen Bank. In seiner Jugend war er erfolgreicher Zehnkämpfer und gewann mehrfach die Deutsche Meisterschaft. 1912 nahm er an den Olympischen Spielen in Stockholm teil und wurde dort Achter. Im folgenden Jahr wurde er Deutscher Meister im Kugelstoßen.

Während des Ersten Weltkriegs wurde Halt der Militär-Max-Joseph-Orden verliehen, verbunden mit dem Adelstitel „Ritter von". Nach Kriegsende studierte er Staatswissenschaften in München und arbeitete nebenher als Sportlehrer an der Infanterieschule. 1921 schloss Karl Ritter von Halt (im Bild rechts) seine Promotion ab.

1925 beendete er seine aktive Laufbahn und wurde Sportfunktionär. Von 1924 bis 1939 war er für die deutschen Leichtathleten bei internationalen Wettkämpfen zuständig, ab 1929 saß er als deutscher Vertreter im Internationalen Olympischen Komitee (IOC). Als NSDAP- und SA-Mitglied, Kommandeur eines Volkssturmbataillons sowie wichtiger Funktionär des NS-Sports – unter anderem als „Reichssportführer" – kam Ritter von Halt nach dem Zweiten Weltkrieg zunächst in sowjetische Gefangenschaft. Auch auf Druck von Mitgliedern des IOC wurde er jedoch 1950 freigelassen. Trotz anhaltender Kritik an seiner aktiven Rolle im NS-Staat blieb Ritter von Halt als Sportfunktionär bis zu seinem Tod von großer Bedeutung für den Leistungssport in Deutschland. Nach einer Beinamputation starb Dr. Karl Ritter von Halt am 5. August 1964 in einem Münchner Krankenhaus.

fällten Funktionäre und Medien ihr Urteil über den Supersportler, den sie nicht zu deuten wussten: eigenbrötlerisch sei er, stur, unbeherrscht. Ein klassisches Fehlurteil, das erst Jahrzehnte später korrigiert wurde. Armin Hary sagt, er habe nie goldene Löffel geklaut und doch habe man ihn so behandelt, als hätte er genau das getan. Damit traf ihn sein professionelles Umfeld tief, denn Ungerechtigkeit konnte Hary am wenigsten ertragen. Sie blieb jedoch sein ständiger Begleiter. Selbst als er das bis dahin Unmögliche schaffte: die 100 Meter in 10,0 Sekunden, auf einer Aschenbahn. Dreimal insgesamt musste er diese Zeit laufen, bis sie endlich anerkannt wurde. Eigentlich hätte nun das ganze Land den jungen Rekordsportler feiern müssen. Und ebenso, als er im 100-Meter-Lauf und mit der Staffel zweifach Gold in Rom holte. Aber der Applaus blieb verhalten. Hary hatte erreicht, was er sich zum Ziel gesetzt hatte – die Republik aber hatte noch nicht vollends begriffen, wie groß sein Verdienst und wie bahnbrechend seine Leistung war.

Ausnahmen gab es dennoch. Der abgedruckte Brief von Dr. Karl Ritter von Halt ist eine solche Ausnahme und deshalb ein wichtiges Dokument für Armin Hary. Zwar war auch von Halt eine problematische Figur der Zeitgeschichte: noch im 19. Jahrhundert geboren, war er wegen seiner aktiven Rolle im Nazistaat bis zum Ende seiner Karriere höchst umstritten. Im Gegensatz zu anderen Funktionären respektierte von Halt Armin Hary jedoch für seine außergewöhnliche Leistung und behandelte ihn fair – auch wenn die Sprache seines Schreibens andeutet, in welcher Zeit er sich zu Hause gefühlt hatte. Es war das letzte Schreiben, das von Halt als Präsident des Nationalen Olympischen Komitees an seine Athleten richtete, bevor er wie geplant 1961 den Vorsitz niederlegte. Deshalb verabschiedete er sich von seinen Sportlern. Sein Nachfolger hatte ebenfalls eine braune Vergangenheit: Willi Daume war vormals NSDAP-Mitglied und hatte als Unternehmer Zwangsarbeiter beschäftigt.

Armin Hary hatte bei allem Gegenwind stets auch Freunde und Unterstützer. Wenige zwar, aber umso verlässlichere, in den Medien wie in den Sportgremien. Als Hary mit 24 Jahren seinen Abschied vom Leistungssport verkündete, gab es etliche, die die Tragweite dieses Verlusts erkannten. Bis heute, mehr als ein halbes Jahrhundert später, erhält Armin Hary eine Menge Autogrammanfragen. Oft kommen sie von den erwachsen gewordenen Arbeiterkindern seiner Zeit, die in ihm ein Vorbild sahen, als ihn die Medien noch längst nicht anerkannten. Heute sind die Würdigungen zahlreich – und auch wenn die Kränkungen der Vergangenheit unvergessen bleiben: Armin Hary lebt im Hier und Jetzt. Mit über 70 Jahren ist sein Leben nicht langsamer geworden, Zeit für das Grübeln über Vergangenes bleibt wenig.

Die heutigen Leistungen deutscher Leichtathleten machen Hary traurig. Er beobachtet seit Jahrzehnten, wie Spitzensportler immer mehr Geld verdienen, die Leistungen aber stagnieren. Eine Erklärung hat er dafür auch: „Wir haben kaum mehr hungrige Sportler in Deutschland. Weil wir die Hungrigen zu wenig fördern." Und damit meint er einen ganz besonderen Hunger – den Hunger nach Erfolg, der ihn als Jugendlichen zu seinen Höchstleistungen angetrieben hat.

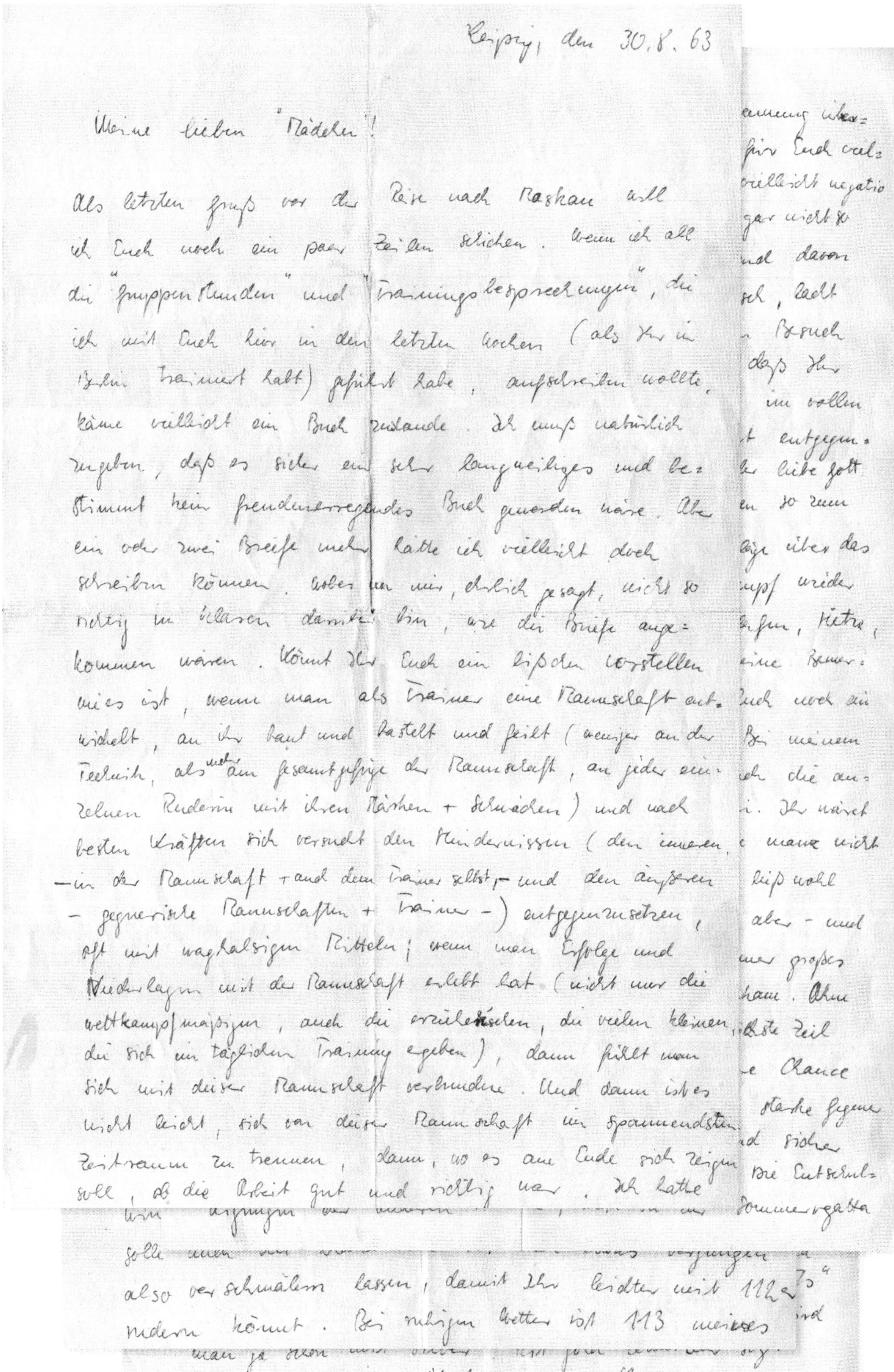

Leipzig, den 30.8.63

Meine lieben "Mädchen"!

Als letzten Gruß vor der Reise nach Moskau will ich Euch noch ein paar Zeilen schreiben. Wenn ich all die "Gruppenstunden" und "Trainingsbesprechungen", die ich mit Euch hier in den letzten Wochen (als Ihr in Berlin trainiert habt) geführt habe, aufschreiben wollte, käme vielleicht ein Buch zustande. Ich muß natürlich zugeben, daß es sicher ein sehr langweiliges und bestimmt kein freudeerregendes Buch geworden wäre. Aber ein oder zwei Briefe mehr hätte ich vielleicht doch schreiben können. Wobei ich mir, ehrlich gesagt, nicht so richtig im Klaren darüber bin, wie die Briefe angekommen wären. Könnt Ihr Euch ein bißchen vorstellen wie es ist, wenn man als Trainer eine Mannschaft entwickelt, an ihr baut und bastelt und feilt (weniger an der Technik, als mehr am Gesamtgefüge der Mannschaft, an jeder einzelnen Ruderin mit ihren Stärken + Schwächen) und nach besten Kräften sich versucht den Hindernissen (den inneren – in der Mannschaft + auch dem Trainer selbst – und den äußeren – gegnerische Mannschaften + Trainer –) entgegenzusetzen, oft mit waghalsigen Mitteln; wenn man Erfolge und Niederlagen mit der Mannschaft erlebt hat (nicht nur die wettkampfmäßigen, auch die vielen kleinen, die sich im täglichen Training ergeben), dann fühlt man sich mit dieser Mannschaft verbunden. Und dann ist es nicht leicht, sich von dieser Mannschaft im spannendsten Zeitraum zu trennen, dann, wo es am Ende sich zeigen soll, ob die Arbeit gut und richtig war. Ich hatte

…

also verschmälern lassen, damit Ihr leichter mit 112,5" rudern könnt. Bei ruhigem Wetter ist 113 weiteres

…

Verdiente werden. Nach unserer Losung:

JOHANNA SPERLING an die „Sperlinge“

An die „Sperlinge“
Berlin-Grünau

Leipzig, den 30.8.63

Meine lieben „Mädchen“!

Als letzten Gruß vor der Reise nach Moskau will ich Euch noch ein paar Zeilen schicken. Wenn ich all die „Gruppenstunden“ und „Trainingsbesprechungen“, die ich mit Euch hier in den letzten Wochen (als Ihr in Berlin trainiert habt) geführt habe, aufschreiben wollte, käme vielleicht ein Buch zustande. Ich muß natürlich zugeben, daß es sicher ein sehr langweiliges und bestimmt kein freudenerregendes Buch geworden wäre. Aber ein oder zwei Briefe mehr hätte ich vielleicht doch schreiben können. Wobei ich mir, ehrlich gesagt, nicht so richtig im klaren darüber bin, wie die Briefe angekommen wären. Könnt Ihr Euch ein bißchen vorstellen wie es ist, wenn man als Trainer eine Mannschaft entwickelt, an ihr baut und bastelt und feilt (weniger an der Technik, als mehr am Gesamtgefüge der Mannschaft, an jeder einzelnen Ruderin mit ihren Stärken + Schwächen) und nach besten Kräften sich versucht den Hindernissen (den inneren, – in der Mannschaft + auch dem Trainer selbst, – und den äußeren – gegnerische Mannschaften + Trainer –) entgegenzusetzen, oft mit waghalsigen Mitteln; wenn man Erfolge und Niederlagen mit der Mannschaft erlebt hat (nicht nur die wettkampfmäßigen, auch die erzieherischen, die vielen kleinen, die sich im täglichen Training ergeben), dann fühlt man sich mit dieser Mannschaft verbunden. Und dann ist es nicht leicht, sich von dieser Mannschaft im spannendsten Zeitraum zu trennen, dann, wo es am Ende sich zeigen soll, ob die Arbeit gut und richtig war. Ich hatte immer den Eindruck, daß Euch so eine Trennung überhaupt nichts ausmachte. Am Ende ist das für Euch vielleicht gerade gut – umgekehrt könnte sich das vielleicht negativ auf die Leistungen auswirken – mir war aber gar nicht so fröhlich zu mute, wenn ich Euch immer lachend davon ziehen sah. Na ja, es ist schon nicht so tragisch, lacht nur soviel es Euch gelingt. Bei meinem letzten Besuch habt Ihr ja gerade nicht gelacht. Ich hoffe, daß Ihr die Krise bald überwunden habt und jetzt im vollen Bewußtsein Eurer Stärke Eurem großen Start entgegen-„fiebert“. Die Sünden der

Urlaubswoche hat der liebe Gott ja gleich bestraft; Euch haben die Nachwirkungen so zum Denken angeregt, daß Euch alle guten Ratschläge über das Verhalten im Training und vor dem Wettkampf wieder eingefallen sind. Über: Essen, Trinken, Schlafen, Hitze, Kälte, Regen, Männer usw. kann mir meine Bemerkungen sparen. Aber ich glaube, ich muß Euch noch ein bißchen von Eurer eigenen Stärke überzeugen. Bei meinem letzten Besuch hatte ich den Eindruck, daß Euch die anderen Trainer keine große Zielstellung geben. Ihr wäret ja noch Jungmannen und von Euch könnte man nicht so viel verlangen. Eure derzeitige Verfassung ließ wohl auch keine hohen Zielstellungen zu. Ich weiß aber – und Ihr wißt das auch – daß Ihr am Ende immer großes vollbracht habt, wenn es wirklich darauf ankam. Ohne überheblich zu sein, könnt Ihr Euch das höchste Ziel stellen. Ich bin sogar der Meinung, daß Eure Chance in diesem Jahr einzig ist. Ihr werdet auf starke Gegner treffen (SU + Rumänien), die Mannschaften sind sicher schneller geworden gegenüber den Internationalen – Ihr seid es aber auch. Die Entschuldigungen der anderen Trainer, weil sie zur Sommerregatta geschlagen wurden, waren doch nur ein Ausweichen vor dem Anerkennen Eurer Leistung. Ihr braucht Euch nur gut zu konzentrieren, um auf einen – Euren – gemeinsamen Rhythmus zu kommen und vom Start bis zum Ziel gleichmäßig lang + hart durchzufahren, dann kann Euch nichts passieren. Unsere Wettkampftaktik lautete immer: gleichmäßig durchfahren, weil es die ökonomischste und damit die schnellste ist. Ihr wißt, daß Ihr alle Rennen von hinten heraus gewonnen habt. Bewahrt Euch das Selbstvertrauen und wendet diese Taktik auch diesmal wieder an. Durch das spezielle Training seid Ihr in der letzten Zeit im Start so schnell geworden, daß ich Euch zutraue, auch mit einem „verhalten“ gefahrenen Start die Gegner zu halten. Ab 500 m heißt es dann allmählich, nicht durch Spurt Boden gewinnen, um im Endspurt eine Reserve zu haben, gegenüber den spurtstarken Gegnern. Ich würde Euch nicht raten, die ersten 500 m auf „Teufel komm raus“ zu fahren, das ist sehr kraftraubend und Ihr hättet dann im Endspurt dem Gegner nicht genügend entgegenzusetzen.

Auf eine kleine Ermahnung an das Entspannen beim Vorrollen möchte ich auch nicht verzichten; je lockerer und entspannter Ihr vorrollt, desto besser erholt Ihr Euch zwischen den Schlägen und erhöht dadurch Eure Ausdauerleistung.

Über das Verstellen der Innenhebel habe ich mit Dieter gesprochen – ich weiß nicht, ob er mit Euch im Training auch so gefahren ist. Ich empfehle Euch bei Mitwind mit

112er Innenhebel zu fahren und nur bei Gegenwind die 114 Innenhebel zu nehmen. Ich hatte gesagt, er solle auch die Blattenden bei Euch etwas verjüngen also verschmälern lassen, damit Ihr leichter mit 112ern rudern könnt. Bei ruhigem Wetter ist 113 meines Erachtens gut für Euch. Rennfrequenz 36 halte ich auch für gut, wenn Ihr Euren langen wuchtigen Schlag beibehalten habt – denkt an die Ausscheidungen der Männer, die westdeutschen Boote ruderten alle sehr lang und waren sehr schnell damit.

Noch eins: Ich bitte Euch ganz ernsthaft, kein, aber auch kein einziges Mittelchen zu schlucken, das Eure Leistung angeblich steigert; und wenn es als noch so harmlos, als vollkommen unschädlich, oder wunderwirkend Euch gepriesen wird; auch wenn man Euch sagt, daß Ihr dann die einzigen seid, die nichts zu sich nehmen, bitte weist es zurück. Seid stolz darauf und denkt an die kommenden Wettkampfjahre und denkt an Eure Gesundheit. An der eigenen Willensstärke erleidet Ihr keinen Schaden, und davon habt Ihr genügend zur Verfügung. Ich kann Euch Beispiele nennen, welche Auswirkungen solche Mittel der Wettkampfvorbereitung hatten – jetzt würde das zu weit führen, glaubt

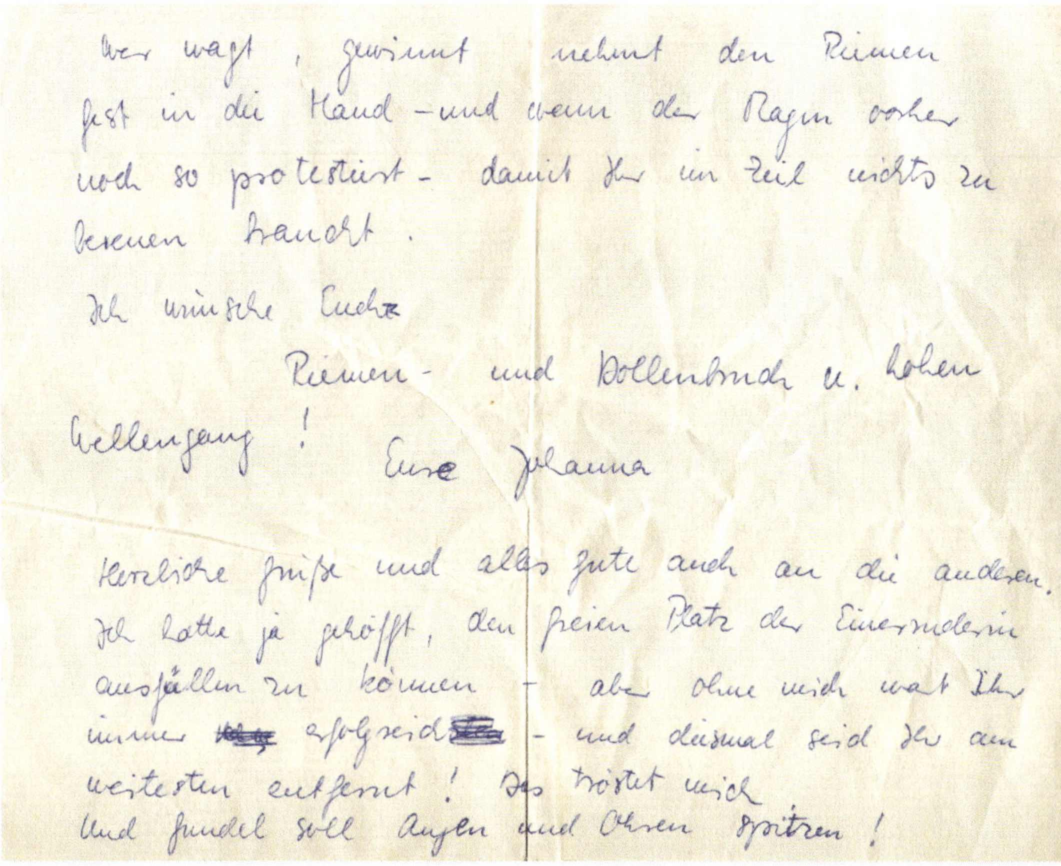
Wer wagt, gewinnt – nehmt den Riemen
fest in die Hand – und wenn der Regen vorher
noch so protestiert – damit Ihr im Ziel nichts zu
bereuen braucht.
Ich wünsche Euch
Riemen- und Dollenbruch u. hohen
Wellengang! Eure Johanna

Herzliche Grüße und alles Gute auch an die anderen.
Ich hatte ja gehofft, den freien Platz der Einerruderin
ausfüllen zu können – aber ohne mich wart Ihr
immer erfolgreich – und diesmal seid Ihr am
weitesten entfernt! Das tröstet mich
Und Gundel soll Augen und Ohren spitzen!

Im alten Griechenland entstanden die Demokratie und die Olympischen Spiele. Manche Altertumswissenschaftler vermuten sogar einen Zusammenhang. Der demokratische Staat fördert die Freiheit des Individuums und auch im Sport ist Individualität von großer Bedeutung. Inwieweit der Sport tatsächlich dazu beigetragen hat, der Demokratie zur Blüte zu verhelfen, lässt sich nicht beweisen. Tatsache ist aber, dass schon die antiken olympischen Spiele als Bühne politischer Demonstrationen und Auseinandersetzungen zwischen den griechischen Stadtstaaten missbraucht wurden, auch wenn zu der Zeit der Spiele „heiliger Frieden" herrschte. Und auch damals schon waren die Athleten bereit, alles für den Sieg zu geben. Alles – und ein bisschen mehr. Zwar gehört die vielfach kolportierte Geschichte, die antiken Läufer und Faustkämpfer, Speer- und Diskuswerfer hätten sich mit Stierhoden gemästet, ins Reich der Sage. Wohl aber waren auch damals schon vermeintlich oder tatsächlich leistungssteigernde Geheimmittelchen, Tinkturen und Essenzen im Einsatz. Schließlich ging es um viel. Es ging um Ruhm und Ehre der Athleten und der Staatsgebilde im Hintergrund, aber auch um Geld.

So ist es bis heute geblieben. Leider.

Auch in der DDR heiligte der Zweck, sportliche Erfolge zu erzielen, viele Mittel. Der Kampf der Systeme wurde im Kalten Krieg bevorzugt in den Sportarenen ausgetragen. Aus diesem Grund legte die SED-Führung großen Wert auf sportliche Erfolge, wofür sie beispielsweise *mir nur soviel, daß es nie gut ist. Und wenn es nur das Schamgefühl wäre, das sich Eurer nach einem erfolgreichen Rennen bemächtigen würde – Ihr könntet Euch nicht ehrlich Eures Sieges freuen. Erspart es Euch und geht mit gutem Gewissen an den Start, die Nationalhymne klingt dann umso erhebender.*

Ich hoffe, daß ich Euch im Fernsehen wiedersehe und wünsche Euch, daß ich Euch als „Meister des Sports“ beim echten Wiedersehen begrüßen kann. „Meister des Sports“ wird man ja schon mit Silber. Mit Gold könnt Ihr sogar Verdiente werden. Nach unserer Losung: Wer wagt, gewinnt nehmt den Riemen fest in die Hand – und wenn der Magen vorher noch so protestiert – damit Ihr im Ziel nichts zu bereuen braucht.

Ich wünsche Euch
Riemen- und Dollenbruch u. hohen Wellengang!
Eure Johanna

Herzliche Grüße und alles Gute auch an die anderen. Ich hatte ja gehofft, den freien Platz der Einerruderin ausfüllen zu können – aber ohne mich wart Ihr immer erfolgreich – und diesmal seid Ihr am weitesten entfernt! Das tröstet mich.
Und Gundel soll Augen und Ohren spitzen!

viel in modernste wissenschaftliche Trainingsmethoden investierte. Nach der Wiedervereinigung wurde aber auch offenbar, was DDR-Sportler in den 1980er Jahren alles spritzten, schluckten und inhalierten, damit bei Wettbewerben regelmäßig ein Medaillenregen über dem 16-Millionen-Einwohner-Staat niederging. Die Anfänge des Dopings im DDR-Sport aber lagen viel weiter in der Vergangenheit.

Dies zeigt der Brief der Rudertrainerin Johanna Sperling an ihre „Sperlinge“ aus dem Jahr 1963. In dem Brief – das Nachrichtenmagazin „Der Spiegel“ schrieb bei dessen Entdeckung von einem sporthistorischen „Sensationsfund“ – warnt sie ihre Schützlinge eindringlich, nur ja „kein einziges Mittelchen zu schlucken, das Eure Leistung angeblich steigert; und wenn es als noch so harmlos, als vollkommen unschädlich, oder wunderwirkend Euch gepriesen wird“.

Johanna Sperling dachte dabei nicht nur an den Sportsgeist. Die medizinischen Beweise, dass Doping gesundheitliche Risiken birgt, wurden erst sehr viel später erbracht. Gleichwohl spürte die Trainerin intuitiv, wie gefährlich es sein kann, mit Medikamenten nachzuhelfen, um die eigene Leistung zu steigern. Zum Beispiel mit den damals schon gerne verabreichten Psychopharmaka. Sie wirken stimmungsaufhellend, konzentrationsfördernd, anregend. Mit der richtigen Pille ist das harte Training viel leichter zu ertragen. Die psychischen wie physischen Nebeneffekte durch die permanente Überforderung übersahen andere Trainer gerne. Johanna Sperling nicht. Sie ließ sich auch später von Ärzten über das von der Firma Jenapharm produzierte anabole Steroid „Oral-Turinabol“ (OT) aufklären. Sperling besah sich nicht nur die erwünschten Wirkungen, sondern auch die Nebenwirkungen. Beide haben es in sich.

Anabolika, weiß beispielsweise der „Brockhaus“, fördern vor allem „das Muskelwachstum, indem sie die Aktivität von RNA-Polymerasen im Kern von Skelettmuskelzellen hoch signifikant steigern. Hierdurch erhöht sich die Proteinproduktion und in der Folge nimmt der Muskelfaserquerschnitt zu und die Muskelkraft steigt“. Besonders wirksam ist das Anabolika-Doping bei Frauen, bei denen es zu teilweise gigantischen Leistungssprüngen kommt. Die Nebenwirkungen sind ebenso monströs: Die Leber kann schlappmachen. Mit der Muskelmasse wächst auch die Masse des Herzmuskels, der Infarkt droht. Die Geschlechtsorgane können sich verformen. Frauen zeigen Vermännlichungserscheinungen, Jugendliche hören auf zu wachsen.

Harmloser sind auch die heutigen Dopingmittel nicht. Erythropoetin (EPO) beispielsweise, immer wieder gern eingesetzt von Ausdauersportlern, lässt die Zahl der roten Blutkörperchen steigen. Dafür droht die Gefahr von Herzinfarkt und Hirnschlag. Wachstumshormone lassen die Körperkraft explodieren. Dass nach einer Verabreichung die Nase, das Kinn und die Hände der gedopten Sportler anfangen zu wachsen, mag als Kuriosum durchgehen. Es drohen aber auch Tumorerkrankungen. Um bei Dopingkontrollen nicht aufzufallen, nutzen manche Sportler Verschleierungssubstanzen. Auch diese sind nicht ungefährlich. Diuretika beispielsweise sind harntreibend. Damit können gedopte Sportler die Urinprobe praktisch von innen verdünnen. Nur dass damit der Elektrolythaushalt durcheinanderkommt und ein Kreislaufkollaps droht. Auch Boxer und andere Kampfsportler schlucken vor dem offiziellen Wiegen mitunter Diuretika, um durch den Wasserverlust ihr Gewicht zu reduzieren. Das ist unfair und brandgefährlich. Wenn der Körper im Kampf schwitzt und weiteres Wasser verliert, droht ebenfalls der Kollaps – ganz ohne Gegnereinwirkung. Sogar Alkohol kann in bestimmten Sportarten, wie dem Schießsport oder beim Billard, als Doping eingesetzt werden.

Es gibt unendlich viele Tricksereien im Sport. Es gibt aber auch einen ganz einfachen Weg, sauber zu bleiben. Ein klares Nein genügt. Johanna Sperling hat 1963 Nein gesagt und sich einer üblichen Praxis verweigert. Damit nahm sie in einem auf sportliche Erfolge fixierten Staat einen Karriereknick in Kauf. Als ihre Ruderinnen nicht mehr die gewünschten Medaillen heimbrachten, wurde Johanna Sperling zur Nachwuchstrainerin degradiert. Die „Sperlinge“ übernahmen andere Trainer, von denen Johanna Sperling dem „Spiegel“ verriet, diese hätten sich mehr „bei der Pharmaindustrie aufgehalten als beim Training“.

Am Ende ihres Briefes forderte Johanna Sperling ihre Sportlerinnen auf, die Riemen fest in die Hand zu nehmen, „und wenn der Magen vorher noch so protestiert“. Sie trieb ihre Ruderinnen bis an ihre Grenzen. Aber nicht darüber hinaus.

JOHANNA SPERLING, Jahrgang 1932, war selbst Ruderin und wurde mehrfach Meisterin der DDR und 1957 Dritte bei der Europameisterschaft. Sie studierte an der Deutschen Hochschule für Körperkultur und später im zweiten Studiengang Psychologie. Sie war als Rudertrainerin des SC DHfK Leipzig tätig, wurde jedoch, weil sie sich den Regeln des Systems nicht unterwerfen wollte, in die zweite Reihe verbannt und durfte nur noch Nachwuchssportler trainieren. 2009 erhielt sie die Heidi-Krieger-Medaille, einen Preis des Vereins Doping-Opfer-Hilfe e.V. für besondere Leistungen im Kampf gegen Doping im Sport.

Telegramm **Deutsche Bundespost**

Verzögerungsvermerke

aus 011 MUENCHEN F 100/99 28 0800 =

Datum			Uhrzeit	
28	X	66	08	12

Empfangen

Platz Namenszeichen

3111 Z

TSt 46 Dortmund

5111TB MUENCH D

= HERRN PRAESIDENT WILLI DAUME
106 DORTMUND =

Datum			Uhrzeit	
28	X	66	08	12

Gesendet

Platz Telex S1 Namenszeichen

Leitvermerk TLX 22 206

Bereits zugeschrieben

SEHR GEEHRTER LIEBER HERR PRAESIDENT, HEUTE VOR EINEM JAHR UM 14UHR WAREN SIE DAS ERSTE MAL IN MEINEM AMTSZIMMER, UM MIT MIR DIE FRAGE EINER BEWERBUNG DER LANDESHAUPTSTADT MUENCHEN UM DIE OLYMPISCHEN SPIELE 1972 ZU EROERTERN. AUS IHREM GEDANKEN, DER MIR DAMALS UNERHOERT KUEHN ERSCHIEN, IST INZWISCHEN EIN STUECK WIRKLICHKEIT GEWORDEN. DAS GUTE UND HERZLICHE EINVERNEHMEN MIT DEM WIR ALLE AUFGABEN SEIT DEM 28. OKTOBER 1965 MITEINANDER ANGEPACKT HABEN WAR DAFUER SICHER EINE WESENTLICHE URSACHE. DARAN ERINNERE ICH MICH AM ERSTEN JAHRESTAG MIT BESONDERER DANKBARKEIT. MIT FREUNDLICHEN GRUESSEN = DR HANS JOCHEN VOGEL + COL 28. 1965 +

(VI, 2 Anl. 4)

28 X 66 08 14

Ortsl. Pl.

Telex

28/10

EISENDAUME	**F 8 82 11**
Eisengießerei Wilhelm Daume	Telex 22 206 822206 daume d
Dtmd-Eving	immer zu erreichen

Hans-Jochen Vogel an WILLI DAUME

28.10.1966

Herrn Praesident Willi Daume

Sehr geehrter lieber Herr Praesident,

heute vor einem Jahr um 14 Uhr waren Sie das erste Mal in meinem Amtszimmer, um mit mir die Frage einer Bewerbung der Landeshauptstadt Muenchen um die Olympischen Spiele 1972 zu eroertern. Aus Ihrem Gedanken, der mir damals unerhoert kuehn erschien, ist inzwischen ein Stueck Wirklichkeit geworden. Das gute und herzliche Einvernehmen mit dem wir alle Aufgaben seit dem 28. Oktober 1965 miteinander angepackt haben war dafuer sicher eine wesentliche Ursache. Daran erinnere ich mich am ersten Jahrestag mit besonderer Dankbarkeit.

Mit freundlichen Gruessen
Dr Hans Jochen Vogel

Ein Oberbürgermeister, der ein Telegramm pünktlich zum Jahrestag einer Besprechung schickt, muss ein enormes Gedächtnis haben oder ein gut organisiertes Büro. Hans-Jochen Vogel hatte vermutlich beides, als er Willi Daume am 28. Oktober 1966 telegrafierte und ihm für die gute Zusammenarbeit im vergangenen Jahr dankte. Das Gespräch mit Daume ein Jahr zuvor hatte Vogel elektrisiert: Der Sportfunktionär überraschte, ja überrumpelte den jungen Oberbürgermeister, der damals noch keine 40 Jahre alt war, mit einer großen Idee, die er mit voller Leidenschaft vertrat: die Olympischen Spiele 1972 nach München zu holen. Hans-Jochen Vogel antwortete mit einem durch und durch bayrischen „Sauber!".

Das war am 28. Oktober 1965, und Deutschland war ein anderes Land als heute. Der Krieg war gerade einmal 20 Jahre vorbei, die Schuttberge waren noch nicht vollständig zugewachsen – und erst recht nicht die tiefen Wunden, die der Krieg überall auf der Welt gerissen hatte. Es war noch nicht lange her, dass München als Hitlers „Hauptstadt der Bewegung" zu negativem Ruhm gelangte. Die westdeutsche Demokratie war jung; die Generation, die den Nationalsozialismus getragen hatte, machte noch einen großen Teil der Bevölkerung aus. Zudem berührte der Konflikt zwischen Ost und West immer wieder die sportliche Ebene. Die Skepsis über die Chancen der deutschen Bewerbung für Olympia 1972 war deshalb groß. Zumal das Internationale Olympische Komitee (IOC) Wert darauf legte, dass die BRD als Ausrichterland die DDR als ein Teilnehmerland wie jedes andere akzeptierte – und mit dieser geforderten Akzeptanz tat die Bundesregierung sich sehr schwer.

Hans-Jochen Vogel wusste um die Schwierigkeiten der Bewerbung. Doch er sah immense Chancen: nicht nur für seine Stadt, sondern für das ganze Land und dessen internationale Beziehungen. Deshalb war er schnell von Willi Daumes Idee überzeugt und kämpfte in der Folgezeit mit aller Kraft dafür. Als das IOC vor der Entscheidung eine Bestätigung anforderte, dass Deutschland die DDR als gleichberechtigten Teilnehmer behandeln werde, erhielt Vogel vom Kanzleramt ein Schreiben, in dem erneut der Alleinvertretungsanspruch der Bundesrepublik Deutschland betont wurde. Eine solche Aussage, schriftlich fixiert, konnte München die Spiele kosten, das wusste Vogel genau. Deshalb entschied er sich dafür, beim IOC ein älteres Schreiben des Innenministers Paul Lücke einzureichen. Das war gerade so unverbindlich formuliert, dass München im Rennen bleiben konnte. Das Datum des Schreibens ließ Vogel vorsorglich entfernen. Zugegeben, ganz sauber spielte Hans-Jochen Vogel hier nicht – aber das Schreiben war immerhin echt und offiziell, wenn auch ein wenig veraltet. Der Zweck heiligt die Mittel. Das IOC bohrte nicht nach, sondern zeigte sich mit der Antwort zufrieden.

Überhaupt entfaltete der Münchner Oberbürgermeister viel diplomatisches Geschick – und das als junger Mann und in einer politisch äußerst verworrenen Phase des Kalten Krieges. Mit dem Präsident des Nationalen Olympischen Komitees der DDR, Heinz Schöbel, konnte sich Vogel beispielsweise nicht offiziell blicken lassen. Also begegnete Vogel ihm vor der Entscheidung des IOC in Rom „zufällig" in einem Aufzug. Das Fahrstuhl-Rendezvous verbesserte ganz diskret und ohne viel Aufhebens die deutsch-deutschen Beziehungen in Sachen Olympia-Bewerbung. Neben Vogels diplomatischen Kunstgriffen war es jedoch vor allem Willi Daumes unermüdlicher Einsatz, der die Entscheidung positiv beeinflusste.

Als die Spiele am 26. August 1972 eröffnet wurden, war Hans-Jochen Vogel nicht mehr Oberbürgermeister in München. Seine Amtszeit war am 30. Juni 1972 ausgelaufen. Vogel hatte auf eine erneute Kandidatur verzichtet, um im Herbst 1972 in die Bundespolitik zu wechseln.

Gleichwohl sahen viele Münchner in ihrem früheren OB den Gastgeber der Spiele.

Die 20. Olympischen Sommerspiele begannen münchnerisch-heiter. Bei der Eröffnungsfeier verfolgten Millionen von Fernsehzuschauern den Einzug von mehr als 7000 Athleten aus 122 Nationen – ein neuer Teilnehmerrekord. Das Olympiastadion mit dem einzigartigen transparenten Zeltdach des Architekten Frei Otto war eine Augenweide. Das Olympialogo und die Sportpiktogramme des Stardesigners Otl Aicher setzten Maßstäbe. Otto wie Aicher waren von Willi Daume an Bord geholt worden, der damit ein außerordentlich gutes Händchen bewiesen hatte. Sogar das Olympiamaskottchen, der Dackel Waldi, wirkte mit seinen regenbogenfarbenen Streifen nett und sympathisch. München 1972, das war Anti-Berlin 1936. Waldi statt Blondi, Samba statt Stechschritt.

Und erst die sportlichen Leistungen: Mark Spitz, der sensationelle sieben Goldmedaillen für die USA erschwamm. Klaus Wolfermann, der den Speer 90,48 Meter weit zum Goldmedaillengewinn schleuderte und damit die Weite seines sowjetischen Rivalen Janis Lusis um nur 2 Zentimeter übertraf. Heide Rosendahl, die für die BRD Gold im Weitsprung und in der 4 x 100-Meter-Staffel und Silber im Fünfkampf holte. Ulrike Meyfarth, die als Sechzehnjährige mit der Goldhöhe von 1,92 Metern den Weltrekord im Hochsprung einstellte. Renate Stecher, die für die DDR Gold über 100 Meter und 200 Meter und Silber in der 4 x 100-Meter-Staffel ersprintete. Ljudmila Bragina aus der Sowjetunion, die im 1500-Meter-Lauf in allen drei Durchgängen einen Weltrekord aufstellte. Oder Wilfried Dietrich, der „Kran von Schifferstadt“, der zwar keine Medaille gewann, dem aber gegen den US-Amerikaner Chris Taylor – den mit mehr als 180 Kilogramm schwersten Athleten, der je bei Olympia angetreten war –, ein spektakulärer Ausheber gelang.

Damit wären die Spiele von München wunderbare Spiele geworden. Aber es kam anders.

WILLI DAUME wurde am 24. Mai 1913 in Hückeswagen geboren. Er wuchs in Dortmund und Leipzig auf, studierte nach dem Abitur Betriebs- und Volkswirtschaft. 1937 beantragte Daume seine Aufnahme in die NSDAP. 1938 musste er das Studium abbrechen, da sein Vater gestorben war und er das elterliche Unternehmen, eine Eisengießerei, übernehmen musste. Sportlich war Daume schon ab früher Jugend aktiv, als Leichtathlet, im Handball und Basketball.

Nach dem Zweiten Weltkrieg engagierte Daume sich als Sportfunktionär: 1949 wurde er Vorsitzender des Deutschen Handball-Bundes, 1950 Präsident des Deutschen Sportbundes (DSB). 1956 wurde er in das Internationale Olympische Komitee (IOC) gewählt, 1961 übernahm er die Präsidentschaft des Nationalen Olympischen Komitees für Deutschland (NOK). Er setzte sich für ein gemeinsames Team von DDR- und BRD-Sportlern ein, auch gegen den Widerstand der Adenauer-Regierung. Daume wurde wegen Fehlern bei der Organisation der Olympischen Spiele in Mexiko 1968 kritisiert und trat vom Vorsitz des DSB zurück, wurde aber 1970 DSB-Ehrenpräsident.

1979 wurde Willi Daume Präsident der Deutschen Olympischen Gesellschaft, ein Jahr später unterlag er bei der Wahl des neuen IOC-Präsidenten dem Spanier Juan Antonio Samaranch. Schuld daran war auch der umstrittene Boykott der Olympischen Spiele 1980 in Moskau, den Deutschland gegen den Willen Daumes unterzeichnet hatte. Als Gastgeber prägte NOK-Präsident Daume den XI. Olympischen Kongress 1981 in Baden-Baden, der einen wichtigen Schritt auf dem Weg vom Amateur- zum Profisport und der Mitsprache der Aktiven markiert.

Am 17. November 1990 wurde unter Daumes Vorsitz das ehemalige DDR-NOK mit dem westdeutschen NOK zu einem gesamtdeutschen Komitee vereint. 1992 stellte Daume sein Amt als NOK-Präsident zur Verfügung. 1993 musste sein Unternehmen Konkurs anmelden. Daume, der seit 1949 verheiratet war und zwei Kinder hatte, verbrachte die letzten Lebensjahre am Starnberger See. Willi Daume starb am 20. Mai 1996 an den Folgen eines Krebsleidens.

HANS-JOCHEN VOGEL kam am 3. Februar 1926 in Göttingen zur Welt. Nach seinem Abitur 1943 wurde er eingezogen und geriet in amerikanische Kriegsgefangenschaft. Nach dem Krieg studierte er Jura in Marburg und legte 1951 als bester Absolvent die Große Juristische Staatsprüfung ab. Der SPD trat Vogel bereits im Jahr 1950 bei. 1958 wurde er als Münchner Stadtrat Leiter des Rechtsreferats, und schon 1960 trat er bei der Kommunalwahl als Oberbürgermeisterkandidat an. Die Wahl in der SPD-Hochburg München gewann der 34-jährige Vogel mit einem Anteil von 64,3 Prozent,

1966 wurde er mit 77,9 Prozent wiedergewählt. Obgleich als Oberbürgermeister äußerst populär, geriet er zunehmend in Konflikt mit der SPD-Parteilinken. Nach anhaltenden Auseinandersetzungen kündigte Vogel 1971 an, im folgenden Jahr nicht mehr als Kandidat für das Oberbürgermeisteramt zur Verfügung zu stehen.

Vogel, der 1972 Landesvorsitzender der bayerischen SPD wurde, stieg im gleichen Jahr auch in das Präsidium des SPD-Bundesvorstands auf. Er kandidierte erfolgreich für den Bundestag und wurde nach Willy Brandts Wahlsieg zum Bundesminister für Raumordnung, Bauwesen und Städtebau ernannt. 1974 übernahm er das Justizministerium in der Regierung von Helmut Schmidt. Bei der Landtagswahl 1974 musste Vogel als Spitzenkandidat eine herbe Niederlage einstecken, der CSU gelang ein grandioser Sieg.

Anfang 1981 gab Vogel sein Ministeramt auf, um der Berliner SPD aus der Patsche zu helfen, deren Regierender Bürgermeister gerade zurückgetreten war. Vogel gab sein Bundestagsmandat auf und zog nach Berlin, wo er als Bürgermeister schnell Anerkennung fand. Seine Amtszeit endete jedoch bereits im Juni 1981 nach einer verlorenen Wahl, und er wurde Oppositionsführer im Berliner Abgeordnetenhaus. Im Herbst 1982 nominierte die SPD Hans-Jochen Vogel als Kanzlerkandidaten. Er konnte jedoch die Niederlage der SPD im März 1983 gegen Helmut Kohls Union nicht verhindern. Vogel wurde Fraktionsvorsitzender und gewann in dieser Rolle für die SPD auch als interne Integrationsfigur an Bedeutung. Nach Willy Brandts Rücktritt vom Parteivorsitz wurde Vogel als Nachfolger nominiert und im Juni 1987 vom Parteitag gewählt.

Im Mai 1991 gab Vogel den Parteivorsitz ab, im November auch den Fraktionsvorsitz im Bundestag. Zur Bundestagswahl 1994 trat er nicht mehr an. 1996 erschienen seine Erinnerungen unter dem Titel „Nachsichten. Meine Bonner und Berliner Jahre“. Vogel widmete sich in den folgenden Jahren hauptsächlich dem Projekt „Gegen Vergessen – Für Demokratie“, das sich gegen Extremismus engagiert. Politisch wurde er immer wieder in beratender Funktion aktiv, 2000 bis 2001 als Mitglied in der Zuwanderungskommission der Bundesregierung, 2001 bis 2005 als Mitglied des Nationalen Ethikrates. Es folgten weitere Bücher, darunter der Erinnerungsband „Deutschland aus der Vogelperspektive. Eine kleine Geschichte der Bundesrepublik“, den er gemeinsam mit seinem Bruder verfasste, dem ehemaligen CDU-Politiker Bernhard Vogel. Hans-Jochen Vogel lebt heute mit seiner Frau in einem Münchner Seniorenheim.

Am Morgen des 5. September 1972 drangen acht palästinensische Terroristen der Organisation „Schwarzer September“ in das Olympische Dorf ein. Sie nahmen elf israelische Sportler, Trainer und Kampfrichter als Geiseln: David Mark Berger, Ze'ev Friedman, Yossef Gutfreund, Eliezer Halfin, Yossef Romano, Andre Spitzer, Amitzur Shapira, Kehat Shorr, Mark Slavin, Yakov Springer und Moshe Weinberg. Die Terroristen verlangten die Freilassung von 232 palästinensischen Gesinnungsgenossen, die in Israel inhaftiert waren. Außerdem wollten sie die deutschen RAF-Terroristen Andreas Baader und Ulrike Meinhof freipressen.

Die Geiseln Yossef Romano und Moshe Weinberg wurden gleich zu Beginn der Geiselnahme verwundet und starben noch im Olympischen Dorf. Die Terroristen forderten nun, nach Kairo ausgeflogen zu werden. Man transportierte sie und die überlebenden Geiseln mit zwei Hubschraubern des Bundesgrenzschutzes auf den Militärflughafen Fürstenfeldbruck. Dort wartete eine Boeing 727 – und zugleich eine sehr schlecht ausgerüstete, kaum vorbereitete Polizeitruppe. Die stümperhaft geplante und umgesetzte Befreiungsaktion endete in einer zweistündigen wilden Schießerei, in der die Terroristen alle ihre Geiseln töteten. Auch fünf Terroristen wurden erschossen. Ein deutscher Polizeibeamter kam durch eine verirrte Kugel zu Tode.

Während der Geiselnahme gingen die Wettkämpfe zunächst weiter. Erst als Aktive und Besucher protestierten, wurden die Spiele unterbrochen. Nach dem gescheiterten Befreiungsversuch und dem Tod der israelischen Sportler unterbrach das IOC die Spiele für einen halben Tag und nahm nach einer Gedenkstunde im Olympiastadion die Wettkämpfe wieder auf, mit Billigung der israelischen Regierung. Allerdings reisten die überlebenden israelischen Olympioniken ab. Und Hans-Jochen Vogel? Als alles vorbei war, flog er als deutscher Repräsentant mit den Särgen nach Tel Aviv.

Rheinsberg

Liebe Ulrike

„Guten Tag"

Ich heiße Susanne Wernsdorf, bin 14 Jahre alt und wohne in Premnitz. daß liegt bei Potsdam in der DDR. Erstmal möchte ich Ihnen recht herzlich zu Ihrem Olympiasieg gratulieren. Ich finde Sie einfach Klasse und das denken auch meine Eltern und mein Bruder von Ihnen.

Ich bin auch eine begeistert Leichtathletin. Ich trainiere vorwiegend den 7 Kampf, den Hochsprung und den Hürdenlauf. Mit 12 Jahren sprang ich bei der Bezirksmeisterschaft 1,66 m, und stellte damit den DDR-Rekord ein. Im diesem Jahr, (1984) nahm ich zum erstenmal an einer DDR-Meisterschaft

1.

2.

3.

4.

[erhalten 1984]

Liebe Ulrike!

„Guten Tag“

Ich heiße Susanne Wernsdorf, bin 14 Jahre alt und wohne in Premnitz, daß liegt bei Potsdam in der DDR. Erstmal möchte ich Ihnen recht herzlich zu Ihrem Olympiasieg gratulieren. Ich finde Sie einfach Klasse und das denken auch meine Eltern und mein Bruder von Ihnen.

Ich bin auch eine begeistert Leichtathletin. Ich trainiere vorwiegend den 7 Kampf, den Hochsprung und den Hürdenlauf. Mit 12 Jahren sprang ich bei der Bezirksmeisterschaft 1,66 m, und stellte damit den DDR-Rekord ein. In diesem Jahr, (1984) nahm ich zum erstenmal an einer DDR-Meisterschaft teil. Im Hochsprung belegte ich den 6. Platz, mit einer nicht so guten Leistung 1,55 m, dafür war ich im Hürdenlauf in form dort belegte ich mit neuem Kreisrekord den 12. Platz. mit diesem Ergebnis ließ ich alle BSG-Sportler hinter mir. 80 m Hü. 12,55 s Alle die vor mir waren, kamen von Sportclubs. Sie fragen sich vielleicht, warum ich nicht in so einem Sportclub bin. Ich würde alles dafür geben, wenn ich dort trainieren könnte, aber leider hat man mich nicht genommen, wegen, na ist ja auch egal. Bei uns kommen eben nur die zu einem Sportclub die einwandfrei sind, natürlich nicht nur einwandfrei im Sport, und das finde ich eben echt blöde.

Ich beneide Sie einfach, daß Sie es bis „so“ weit nach oben geschafft haben. Ich möchte es auch einmal so weit bringen wie Sie. Ich stelle mir immer wieder die Fragen, wie trainieren Sie blos und wie lange und wie oft? Was machen Sie denn eigendlich Beruflich? Was machen Sie eigendlich jetzt nach Ihrem Rücktritt, ganz aufhören, also mich würde es bestimmt immer wieder zum Sprung über die Latte reitzen. Ach ich hätte ja so viele Fragen, blos, keiner kann sie mir beantworten.

Susanne Wernsdorf an ULRIKE MEYFARTH

Ich trainiere viermal in der Woche 1½ Stunden. Wenn Sie auf dem Bildschirm erscheinen, wird die ganze Familie zusammengetrommelt, ebenso geht es mir wenn ich Marlis Göhr sehe, die finde ich auch toll. Könnte ich nicht einmal ein Bild mit einer Unterschrift von Ihnen bekommen? Es würde bei mir im Zimmer einen Ehrenplatz erhalten. Ich möchte Ihnen gern ein paar Bilder von mir mitschicken, ein Paßbild und einen Zeitungsausschnit

Ich wünsche Ihnen von ganzem Herzen noch viel Erfolg in Ihrem weiterem Leben.

Dies schrieb Ihnen von Herzen
Ihre Susanne Wernsdorf

„Auf Wiedersehen"

Nach großen Erfolgen, Rekorden und Medaillengewinnen erhalten Sportler die sprichwörtlichen Waschkörbe voll mit Fanpost. Das allermeiste davon geht den Gang alles Irdischen und wandert ins Recycling. Anders dieser Brief der vierzehnjährigen Susanne Wernsdorf aus der DDR an ihr Hochsprungidol Ulrike Meyfarth in der BRD. Dieser Brief hat 28 Jahre überdauert, war ein bislang unveröffentlichter, gehüteter Schatz der Sportlerin. Und: Dieser Brief war es wert, aufgehoben zu werden. Er ist ein Zeitdokument. Er zeigt, wie die sportfanatische DDR, in der die systematische Nachwuchsförderung und leider auch das systematische Doping zur Staatsräson gehörten, mit ihren Talenten umging, wenn deren Hintergrund der Parteiobrigkeit politisch nicht in den Kram passte.

Da gab es also 1982 in Brandenburg eine Zwölfjährige, die ganz unschuldig das Ostidol Marlies Göhr und gleichermaßen das Westidol Ulrike Meyfarth verehrte und die mit ihren zwölf Jahren sensationelle 1,66 Meter

Die deutsche Hochspringerin **ULRIKE MEYFARTH**, nach ihrer Heirat Nasse-Meyfarth, kam am 4. Mai 1956 in Frankfurt am Main zur Welt. Sie schaffte etwas, was keine andere Leichtathletin vor oder nach ihr jemals erreicht hat – nach zwölf Jahren ihren ersten Olympiasieg zu wiederholen. Für alle Experten völlig überraschend übersprang sie 1972 bei den Olympischen Spielen in München als 16-Jährige 1,92 Meter, egalisierte damit den Weltrekord der Österreicherin Ilona Gusenbauer und holte ihr erstes Gold. Der Olympiasieg 1984 in Los Angeles mit übersprungenen 2,02 Metern war Krönung und Schlusspunkt ihrer aktiven Karriere. 1972 war Meyfarth die jüngste Hochsprung-Olympiasiegerin in der Geschichte der Olympischen Spiele – 1984 die älteste. Dank dieser Leistungen ist Ulrike Meyfarth bis heute eine der populärsten deutschen Sportlerinnen.

Zur Leichtathletik kam Ulrike Meyfarth 1969 im Alter von dreizehn Jahren. Gleich in ihrem ersten Wettkampfjahr überquerte sie die stattliche Höhe von 1,57 Metern (und blieb damit deutlich unter den 1,66 Metern, die ihre spätere Briefpartnerin Susanne Wernsdorf schon als Zwölfjährige übersprungen hatte). In den darauffolgenden Jahren steigerte Ulrike Meyfarth ihre Leistung schnell auf Weltniveau.

Nach dem Gewinn der ersten Goldmedaille bei den Olympischen Spielen von 1972 brach ein irrsinniger Medienrummel um die Schülerin aus. Der Sensationserfolg

hoch springen konnte. Welche Überfliegerin hätte aus Susanne Wernsdorf werden können? Hätte sie Jahre später wie ihr Vorbild die Zwei-Meter-Marke überwunden? Das ist ungewiss. Immer besteht die Gefahr, dass sich junge Talente verletzen, dass sie irgendwann in ihrer persönlichen Entwicklung genug haben von der Schinderei und sich verweigern, oder auch, dass irgendein Trainer oder ein Funktionär mit dem jungen Talent nicht umgehen kann und die Karriere deshalb in einer Sackgasse mündet. Höchstleistungssport lässt sich nicht bis ins kleinste Detail planen. Mit einiger Wahrscheinlichkeit aber hätte es Susanne Wernsdorf weit nach oben bringen können. Wenn man sie nach oben gelassen hätte. Nur war Susanne Wernsdorf eben, wie sie zwei Jahre nach ihrer Bestleistung ihrem großen Idol schrieb, nicht „einwandfrei". Was sie damit meinte, lässt sich zwischen den Zeilen herauslesen.

Heute braucht Susanne Wernsdorf, die inzwischen in den Niederlanden lebt und Susanne van Griensven-Wernsdorf heißt, kein Blatt mehr vor den Mund zu nehmen. Heute kennt sie auch die Hintergründe, warum sie im DDR-Sport nicht gefördert wurde.

Bereits mit vier Jahren begann sie mit dem Geräteturnen. In der dritten Klasse, mit neun Jahren, wechselte

erwies sich in den Folgejahren als Belastung. Mitte der 1970er Jahre hatte die Sportlerin ein längeres Formtief zu überwinden, kehrte Ende des Jahrzehnts jedoch an die Weltspitze zurück. 1980 blieb ihr eine Olympiateilnahme in Moskau wegen des Boykotts der westlichen Nationen verwehrt. Dafür errang sie bei der Leichtathletik-EM 1982 Gold. Bei der WM ein Jahr darauf in Helsinki gewann Ulrike Meyfarth Silber – und 1984 bei den Olympischen Spielen in Los Angeles das besagte zweite Gold. Zwar boykottierten die Staaten des Ostblocks diese Spiele, die übersprungene Höhe von 2,02 Metern hätte aber vermutlich auch bei einer Teilnahme von Meyfarths stärkster Konkurrentin, der sowjetischen Hochspringerin Tamara Bykowa, für eine Medaille gereicht. In ihrer fünfzehnjährigen Hochsprunglaufbahn überquerte Ulrike Meyfarth in 76 Wettkämpfen die 1,90 Meter, davon sprang sie neunzehn Mal höher als 1,95 Meter, fünf Mal überquerte sie die Zwei-Meter-Marke, drei Mal sprang sie Weltrekordhöhe. Ihre persönliche Bestleistung stellte Ulrike Meyfarth am 21. August 1983 in London mit 2,03 Metern auf.

In der Öffentlichkeit ist die zweifache Olympiasiegerin Jahrzehnte nach dem Ende ihrer aktiven sportlichen Laufbahn noch stark präsent. „Ich bin von Beruf Ulrike Meyfarth", wie sie einmal sagte. Die studierte Sportlehrerin ist Trainerin des TSV Bayer 04 Leverkusen, sie setzt sich seit Jahren für mehr Rechte der Athleten ein und im Kampf gegen Doping. Abseits des Sports engagiert sie sich für krebskranke Kinder und unterstützt andere karitative Organisationen. Im Februar 1987 heiratete Ulrike Meyfarth den Rechtsanwalt Dr. Roland Frank Nasse. Die Eheleute sind Eltern zweier Töchter.

sie zu den Leichtathleten und hatte damit ihre Bestimmung gefunden. Vier- bis fünfmal in der Woche trainierte das Mädchen, auf dem Sportplatz, in der Halle, im Kraftraum, immer diszipliniert, immer pünktlich. Im Sportförderungssystem der DDR gab es sogenannte Kinder- und Jugendsportschulen (KJS), in denen talentierte Heranwachsende gefördert wurden. Was heißt gefördert? Die KJS waren Eliteeinrichtungen, der sportliche Erfolg dominierte alles. Auch Susanne Wernsdorf bewarb sich um eine Aufnahme. Zunächst hieß es dort, ihre sportlichen Leistungen reichten nicht aus. Als sie dann die 1,66 Meter übersprang und damit den DDR-Rekord ihrer Altersklasse einstellte, beschied man ihr und ihren Eltern, ihre gesundheitliche Konstitution würde für den Spitzensport nicht ausreichen, außerdem sei sie zu klein gewachsen. Der wahre Grund aber waren die vielen Verwandten im Westen.

Susanne Wernsdorf trainierte auch nach der Absage der KJS unbeirrt weiter, allerdings „nur" viermal die Woche im Verein. Auf der KJS standen dagegen von Montag bis Freitag täglich zwei Trainingseinheiten auf dem Programm, am Samstag war ebenfalls eine Trainingseinheit angesetzt, nur der Sonntag war frei – wenn nicht gerade Wettkampf war. Diesen Rückstand konnte die junge Sportlerin trotz ihres Talents nicht wettmachen. Was bleibt, ist ein Jugendrekord aus dem Jahr 1982 und ein bei aller jugendlichen Unbeschwertheit traurig gefärbter Brief eines Fans aus dem Jahr 1984. Dieser Brief hat Ulrike Meyfarth wohl mehr bewegt als die übliche Fanpost. Seine ganze Geschichte aber ist die Lebensgeschichte Susanne Wernsdorfs – und die konnte Ulrike Meyfarth 1984 allenfalls erahnen.

SUSANNE WERNSDORF, heute Susanne van Griensven-Wernsdorf, kam 1970 als Mitglied einer sportbegeisterten Familie in der DDR zur Welt. Mit vier Jahren begann sie mit dem Geräteturnen, mit neun wechselte sie in die Leichtathletik, mit überaus großem Erfolg. 1982 stellte sie im Hochsprung mit 1,66 Metern den DDR-Rekord in ihrer Altersklasse ein, bei der 20. Premnitzer Kreis-Kinder- und Jugendspartakiade im Jahr 1984 feierte die Lokalpresse die Schülerin der Geschwister-Scholl-Oberschule Premnitz als „Goldmarie", die in sieben Disziplinen aufs oberste Treppchen steigen durfte. Dennoch wurde es ihr wegen ihrer Westverwandtschaft verwehrt, eine Kinder- und Jugendsportschule zu besuchen. Sie blieb im Vereinssport weiter aktiv.

Nach der Schule machte Susanne Wernsdorf eine Berufsausbildung zur Konditorin und arbeitete nach der Wende eine Saison lang als Hotelkonditorin in Österreich, wo sie auch ihren späteren Mann, einen Niederländer, kennenlernte. Einen Tag nach ihrem 21. Geburtstag folgte sie ihrem Freund in die Niederlande, wo sie dreizehn Jahre lang als Trainerin in einem Fitnesszentrum arbeitete. Seit acht Jahren ist Susanne van Griensven-Wernsdorf bei der niederländischen Justiz bei einer Sondereinheit tätig. Mit ihrem Schicksal und dem erzwungenen Abschied vom Hochleistungssport in jungen Jahren hadert Susanne van Griensven-Wernsdorf nicht. Noch heute spielt der Sport in ihrem Leben eine große Rolle.

HOTEL NEPTUN

Rostock-Warnemünde
Hotel „Neptun“
Farbfoto: Treder, Rostock
Deutsche Versicherungs-AG
... ein Leben lang!
Allianz
BILD UND HEIMAT · REICHENBACH (VOGTL)
DEUTSCHE POST
30
GOETHE-SCHILLER-DENKMAL WEIMAR
Baumbach bei Raab Kippingerstr. 24 1100 Berlin
Lieber Schachfreund! 29-6/7.10=?
Ich begrüße Sie als Landsmann – kurios, daß Landsleute in verschiedenen Mannschaften spielen...
Meine Antwort 11.10. - 13.10.
44.4463 45.5963 (Le4xf3) =2
Mit freundlichen Grüßen!
Ihr Fritz Baumbach
Herrn
Karl-Heinz Maeder
D-6000 Frankfurt 60

FRITZ BAUMBACH an Karl-Heinz Maeder

[7. Oktober 1990]

Herrn
Karl-Heinz Maeder
D-6000 Frankfurt 60

29-6/7.10 = 1

Lieber Schachfreund!

Ich begrüße Sie als Landsmann – kurios, daß Landsleute
in verschiedenen Mannschaften spielen ...
11.10. – 13.10. = 2 [Vermerk von Karl-Heinz Maeder]
Meine Antwort
44 ... 4463 45. 5463 (Le4xf3)

Mit freundlichen Grüßen!
Ihr Fritz Baumbach

Spiele über große Distanzen hinweg, ohne sein Gegenüber zu sehen oder sogar ohne es zu kennen, solche Spiele haben heute bei jungen und auch bei nicht mehr ganz so jungen Menschen Hochkonjunktur. Das Internet macht's möglich. Die sozialen Netzwerke sind in zunehmendem Maß nicht mehr nur Plattformen für zwischenmenschliche Kontakte, sondern auch Spielwiesen für Online-Gamer. Egal, ob gegenseitig die virtuellen Äcker bestellt werden oder ob sich die Spieler zum Ballern auf Mutanten treffen – gleich bleibt immer die Kommunikation über weite Entfernungen, die es Japanern ermöglicht, mit Amerikanern zu spielen, und Deutschen, sich mit Australiern zu messen.

Das Spielen über große Entfernungen ist keine Erfindung des postindustriellen Informationszeitalters: Schon im späten Mittelalter schickten sich Adlige in ihrer Freizeit gegenseitig Boten mit ihren Schachzügen und fochten so die ersten virtuellen Schachduelle aus – und das Fernschach ist bis in unsere Zeit eine beliebte Disziplin geblieben. Kein Wunder, eignet sich das Schachspiel, bei dem so viel gedacht, analysiert und vorausberechnet werden muss, ideal für lange, gut durchkonstruierte Partien. Im Vergleich zum normalen Turnierschach, bei dem die Uhr unerbittlich schnelle Züge einfordert, ist das Fernschach die Entdeckung der Langsamkeit im Denksport. Da stört es auch nicht, wenn die Spieler Tage, Wochen oder Monate auf den nächsten Zug warten müssen, weil der Kontrahent Bedenkzeit braucht und die postalische oder elektronische Übermittlung des Zugs nochmals einiges an Geduld verlangt.

Fritz Baumbach, eine Legende des Fernschachs, kann davon ein Lied singen – ein weitgehend entspanntes Lied.

Aber auch eines davon, wie bei aller Entschleunigung ein Fernschachduell plötzlich zu nächtlichem Stress führen kann: Auf dem Weg zum Weltmeistertitel 1988 geriet Baumbach in der Partie gegen einen sowjetischen Spieler gehörig in Panik. Er hatte wenige Stunden zuvor eine Postkarte mit seinem Zug eingeworfen, erkannte aber in der darauffolgenden, wohl eher schlaflosen Nacht, dass er womöglich einen geschickten Gegenzug seines Kontrahenten übersehen hatte. Baumbach hatte zu schnell gespielt. Das sprichwörtliche Eine-Nacht-darüber-Schlafen brachte ihn zu der Erkenntnis: Er musste seinen Zug, wenn irgend möglich, zurückholen – und ihn dann noch einmal überdenken. Am nächsten Morgen passte er deshalb den Postboten vor der Leerung des Briefkastens ab und schaffte es mit viel Überredungskunst (Bestechungsgeld sei keines geflossen, versichert Baumbach), seine Karte zurückzubekommen. Etliche Tage intensiven Nachdenkens folgten – bevor Baumbach letztlich denselben Zug erneut verschickte. Nun aber in der Gewissheit des Profis, der sich genug Zeit genommen hatte, alle Optionen zu prüfen: Es war und es blieb ein guter Zug.

Die Bedenkzeit war verständlich, wenn man sich vergegenwärtigt, was für ein Privileg es war, Weltmeister im Fernschach zu werden: Eine Weltmeisterschaft zog sich im Schnitt über einen Zeitraum von gut fünf Jahren hin, sodass es für die globale Fernschachelite nicht allzu viele Gelegenheiten gab, einen Titel abzustauben. Die 1987 begonnene zehnte Fernschach-Olympiade zog sich gar acht Jahre hin, bis 1995.

Acht Jahre sind eine lange Zeit, in der viel passieren kann. Und zwischen 1987 und 1995 war einiges passiert. Daher konnte Baumbach am Ende seinen kuriosesten Medaillengewinn feiern: Fünf Jahre nach der deutschen Einheit errang er 1995 bei der Fernschach-Olympiade mit der DDR-Mannschaft die Bronzemedaille (Abbildung links), Gold holte die Sowjetunion, die Tschechoslowakei verpasste mit Platz vier knapp den Sprung aufs Siegertreppchen. Diese drei Staaten gab es 1995 längst nicht mehr – die Geschichte war schneller gewesen, als die Spieler ihre Partien beenden konnten. So kämpften drei Phantom-Mannschaften Jahre nach dem Zusammenbruch des Ostblocks wacker weiter mit anderen um den Sieg. Unbeirrt von den gewaltigen politischen Umbrüchen, wurde zu Ende gespielt, was zu Ende gespielt werden musste. Auch wenn es skurril erscheint, dass, wie Baumbach schrieb, wiedervereinigte Landsleute immer noch in unterschiedlichen Mannschaften antraten. Noch skurriler erscheint es aber, dass 1992 parallel zur zehnten schon die elfte Fernschach-Olympiade angelaufen war. Bei diesem Wettkampf nahm Fritz Baumbach als Spieler des vereinten Deutschlands teil. Er spielte also für zwei Deutschlands, den untergegangenen DDR-Staat und die wiedervereinigte Bundesrepublik. In der gesamtdeutschen Mannschaft trat er nun Seite an Seite mit Karl-Heinz Maeder an.

Dass die untergegangene DDR Jahre nach der deutschen Einheit ihren letzten sportlichen Triumph feiern durfte, sagt viel aus über das Wesen des traditionellen Fernschachs und über das Wesen seiner Legenden, wie Fritz Baumbach eine ist: Komme was wolle – gespielt wird bis zum Ende.

FRITZ BAUMBACH wurde am 8. September 1935 in Weimar geboren. Mit dreizehn Jahren lernte er von anderen Kindern das Schachspiel, das in den ersten Jahren nach dem Zweiten Weltkrieg zu den wenigen Freizeitvergnügungen zählte, die es gab. Baumbach studierte Chemie und promovierte 1966. Anschließend absolvierte er in Ostberlin ein Aufbaustudium zum Patentingenieur. Ab 1958 war Baumbach Mitglied der Schachnationalmannschaft der DDR und gewann 1970

FRITZ BAUMBACH an Karl-Heinz Maeder

die DDR-Schachmeisterschaft. Nicht das Nahschachspiel, sondern Fernschach wurde jedoch seine große Leidenschaft: Im Lenin-Gedenkturnier, das von 1970 bis 1973 ausgetragen wurde, errang er den zweiten Platz und erhielt daraufhin den Titel des Großmeisters. 1983 wurde er bei der Weltmeisterschaft ungeschlagen Vizeweltmeister, 1988 schließlich gelang ihm der Gewinn des Meistertitels bei der elften Weltmeisterschaft. Mit der deutschen Mannschaft wurde Baumbach 1999 Fernschach-Olympiasieger. Für seine Züge verwendete er mitunter Postkarten, die er gerade zur Hand hatte. Im vorliegenden Fall des Schreibens an Karl-Heinz Maeder eine mit einer Ansicht von Warnemünde, wo er sich zu dieser Zeit gar nicht aufhielt.

Fritz Baumbach war außerdem von 1993 bis 2010 Präsident des Deutschen Fernschachbundes e. V. (BdF) und von 1995 bis 1999 Generalsekretär der International Correspondence Chess Federation (ICCF). Fritz Baumbach hat fünf Kinder und arbeitet bis heute als selbstständiger Patentanwalt in Berlin. Er hat einige Bücher zum Thema Fernschach veröffentlicht und zählt nach wie vor zu den Besten im internationalen Fernschach. Der 2010 begonnene World Cup zum diamantenen Jubiläum der ICCF trägt zu seinen Ehren Fritz Baumbachs Namen.

Margaret Lambert

April 21, 1999

Liebe Elfriede:

Obwohl ich sicher jedes zweite Wort im lexicon nachsehen muss, will ich Dir heute in Deutsch schreiben. Ich will Dir damit zeigen wie sehr ich deine Freundschaft schaetze, von damals und von heute.

Ich habe Dich sofort erkannt als Dein Bild auf dem Video erschien. Du siest (siehst?) fantastik aus, Dein Gesicht so ohne Runzeln und was Du gesagt hast hat mich sehr bewegt. Ich habe nie vergessen die Hochsprung Konkurenz in Ulm wo wir uns gegenseitig geholfen haben, was wir verkehrt gemacht haben und so weiter. Und ich habe nie vergessen das Gefuehl for eine richtige Freundshaft zwischen einer Juedin und einer Nicht-Juedin. Du hast wirklich Mut gehabt, denn das war damals gegen alle Regeln. Ich werde nie die richtigen Worte finden Dir zu sagen wie ich das anerkannt habe.

Der Buergermeister von Laupheim hat mir gerade geschrieben dass die Stadt mich einladen will fuer einen Besuch. Ich weiss nicht ob ich es seelisch ueberstehen koennte und ich kaempfe mit mir zu einem Entschluss zu kommen.

Dear Elfriede, sei mir nicht boes wenn dieser Brief sau-dumm (Schwaebish) klingt. Dies ist das erste Mal in vielen, vielen Jahren dass ich in Deutsch geschrieben habe aber fuer einen guten Freund ist es nur ein ganz kleines Opfer.

Sollte ich entscheiden nach Deutschland zu reisen wuerde ich natuerlich versuchen Dich zu treffen. Aber meine Einladung fuer Dich hierher zu reisen kommt from Herzen. Es wuerde so fantastisch sein!

deine gretel

Briefwechsel zwischen MARGARET LAMBERT und ELFRIEDE RAHN-KAUN

April 21, 1999

Liebe Elfriede:

Obwohl ich sicher jedes zweite Wort im lexicon nachsehen muss, will ich Dir heute in Deutsch schreiben. Ich will Dir damit zeigen wie sehr ich deine Freundschaft schaetze, von damals und von heute.

Ich habe Dich sofort erkannt als Dein Bild auf dem Video erschien. Du siest (siehst?) fantastik aus, Dein Gesicht so ohne Runzeln und was Du gesagt hast hat mich sehr bewegt. Ich habe nie vergessen die Hochsprung Konkurenz in Ulm wo wir uns gegenseitig geholfen haben, was wir verkehrt gemacht haben und so weiter. Und ich habe nie vergessen das Gefuehl for eine richtige Freundshaft zwischen einer Juedin und einer Nicht-Juedin. Du hast wirklich Mut gehabt, denn das war damals gegen alle Regeln. Ich werde nie die richtigen Worte finden Dir zu sagen wie ich das anerkannt habe.

Der Buergermeister von Laupheim hat mir gerade geschrieben dass die Stadt mich einladen will fuer einen Besuch. Ich weiss nicht ob ich es seelisch ueberstehen koennte und ich kaempfe mit mir zu einem Entschluss zu kommen.

Dear Elfriede, sei mir nicht boes wenn dieser Brief sau-dumm (Schwaebish) klingt. Dies ist das erste Mal in vielen, vielen Jahren dass ich in Deutsch geschrieben habe aber fuer einen guten Freund ist es nur ein ganz kleines Opfer.

Sollte ich entscheiden nach Deutschland zu reisen wuerde ich natuerlich versuchen Dich zu treffen. Aber meine Einladung fuer Dich hierher zu reisen kommt from Herzen. Es wuerde so fantastisch sein!

Deine Gretel

Kiel, den 5. Mai 1999

Liebe Gretel.

Ein Dankeschön für Deine zwei Briefe. Über den letzten, den in deutsch geschriebenen, und über seinen Inhalt habe ich mich besonders gefreut. Ich danke Dir. Er klingt garnicht "[illegible] Schwäbisch", dafür, dass Du so viele Jahre kein deutsch geschrieben hast, muss ich Dir sehr loben.
Ich kann über den gemeinsamen Film noch garnichts sagen, ich wusste nichts von einem Ausschnitt im April. Es wurde hier nachts gezeigt, aber hätte ich es gewusst, wäre ich extra aufgestanden. ~~Herr Freitte~~ Herr Frietter hat mir versprochen mir eine Kopie zu schicken. Dann werde ich mir den ganzen Film ansehen, ich bin sehr neugierig. Über Dein Kompliment betr. mein Aussehen erstaunt mich sehr. Dann muss der Film viel vertuscht haben, Runzeln sind genügend da. Du wirst es feststellen wenn wir uns evtl. sehen werden. Ich danke Dir für Deine Einladung. Sehr gerne würde ich einmal den Flug über

Im nächsten Brief schreibe ich Dir, wie mir der Film gefallen hat.

Für heute herzliche Grüsse
und vielleicht ein Wiedersehen

Deine Elfriede

Briefwechsel zwischen MARGARET LAMBERT und ELFRIEDE RAHN-KAUN

Kiel, den 5. Mai 1999

Liebe Gretel.

Ein Dankeschön für Deine zwei Briefe. Über den letzten, den in deutsch geschriebenen, und über seinen Inhalt habe ich mich besonders gefreut. Ich danke Dir. Er klingt garnicht „saudumm Schwäbisch", dafür, dass Du so viele Jahre kein deutsch geschrieben hast, muss ich Dich sehr loben.

Ich kann über den gemeinsamen Film noch garnichts sagen, ich wusste nichts von einem Ausschnitt im April. Er wurde hier nachts gezeigt. Aber hätte ich es gewusst, wäre ich extra aufgestanden. Herr Frietter hat mir versprochen mir eine Kopie zu schicken. Dann werde ich mir den ganzen Film ansehen, ich bin sehr neugierig. Dein Kompliment betr. mein Aussehen erstaunt mich sehr. Dann muss der Film viel vertuscht haben. Runzeln sind genügend da. Du wirst es feststellen wenn wir uns evtl. sehen werden. Ich danke Dir für Deine Einladung. Sehr gerne würde ich einmal den Flug über den grossen Teich erleben. Aber 7 Stunden Flug + die Anstrengungen traue ich mir mit meinen bald 85 Jahren nicht zu.

Gretel, versuche doch mal, alles Traurige + Hässliche dass Dich mit Deutschland verbindet, nicht vergessen, aber in den Hintergrund schieben, + die Einladung des Bürgermeister von Laupheim anzunehmen. Ich würde dann bestimmt eine Möglichkeit finden wo + wie wir uns wiedersehen können. Ich wäre sehr glücklich darüber.

Im nächsten Brief schreibe ich Dir, wie mir der Film gefallen hat.

Für heute herzliche Grüsse und vielleicht ein Wiedersehen

Deine Elfriede

Briefwechsel zwischen MARGARET LAMBERT und ELFRIEDE RAHN-KAUN

Die Spiele von 1936 in Berlin waren eine absolute Ausnahmeerscheinung in der Geschichte der modernen Olympischen Spiele. Gut, jedes ausrichtende Land will sich vor der Weltöffentlichkeit von seiner besten Seite zeigen. Aber Nazideutschland hatte 1936 mehr im Sinn. Die Spiele waren für das Regime weniger ein Sportereignis als eine monumentale Demonstration der Stärke und Macht der Nation. Mit modernsten technischen Mitteln der Zeit produzierte Leni Riefenstahl ihre Propagandafilme „Fest der Völker" und „Fest der Schönheit" – im Dienste des Nationalsozialismus, nicht des Sports. Der olympische Gedanke spielte für die Nazis keine Rolle, es ging nicht um Völkerverständigung, sondern um Sieg oder Niederlage, Deutschland gegen alle. Die Nazis wollten mit allen Mitteln und um jeden Preis ihr aberwitziges Konstrukt von der vermeintlichen Überlegenheit der „arischen Rasse" unter Beweis stellen. Auch im Frauensport, dem die Nazis eigentlich ablehnend gegenüberstanden. Aber nun, wo es galt, der Welt die eigene Stärke zu demonstrieren, war jedes Mittel recht. Olympia 1936 war eine sportliche Vorwegnahme des Zweiten Weltkriegs.

Zu dieser Zeit gab es in Deutschland mehrere erstklassige junge Hochspringerinnen: Gretel Bergmann, Gunda Friedrich, Selma Grieme, Elfriede Kaun, Dora Ratjen und Feodora Gräfin zu Solms. Während die anderen unbehelligt in Deutschland leben und trainieren konnten, wurde die Jüdin Gretel Bergmann schon 1933 im Zuge der „Gleichschaltung" von ihrem Ulmer Sportverein ausgeschlossen, ein Sportstudium in Berlin blieb ihr verwehrt. Bergmann zog die Konsequenzen und emigrierte noch im selben Jahr nach Großbritannien. Dort trainierte sie mit großem Ehrgeiz weiter und brachte es 1934 zur Britischen Meisterin. Als sie mit Deutschland längst abgeschlossen hatte, erhielt sie von dort die Nachricht, dass sie zurückkehren solle, um für die Olympischen Spiele zu trainieren. Hitler-Deutschland rief eine deutsche Jüdin aus dem Exil zurück, um

MARGARET LAMBERT kam als Margarete (Gretel) Bergmann am 12. April 1914 in Laupheim zur Welt. Sie begann ihre sportliche Karriere 1930 im Ulmer Fußballverein 1894. Ihr Name fand sich schon bald in den Hochsprung-Bestenlisten wieder. 1933 wurde ihr aufgrund ihrer jüdischen Herkunft die Mitgliedschaft im Verein entzogen, woraufhin sie nach Großbritannien emigrierte. Dort wurde sie 1934 mit einer übersprungenen Höhe von 1,55 Metern Britische Meisterin. Von den Nazis, die ihre Leistungen in Großbritannien verfolgt hatten, nach Deutschland zurückbeordert, trainierte sie für die Olympischen Spiele und stellte 1936 mit 1,60 Metern den bisherigen Rekord ihrer Kollegin Elfriede Kaun ein. Kurz darauf folgte die Absage ihrer Teilnahme seitens der Nazis.

1937 emigrierte Bergmann in die USA. Dort gewann sie 1937 und 1938 die US-Meisterschaft im Hochsprung, 1937 auch im Kugelstoßen. Als der Zweite Weltkrieg ausbrach, beendete Bergmann ihre Sportkarriere. 1942 nahm sie die amerikanische Staatsbürgerschaft an. Sie schwor sich, nie wieder Deutsch zu sprechen und nie wieder nach Deutschland zurückzukehren. In den USA wurde sie, die mittlerweile den Namen Margaret Lambert angenommen hatte, in die „Jewish Sports Hall of Fame" aufgenommen.

Im August 1995 wurde in Berlin die Gretel-Bergmann-Sporthalle eröffnet. Im folgenden Jahr nahm Margaret Lambert als Ehrengast an der Eröffnungszeremonie der Olympischen Spiele in Atlanta teil. 1999 brach sie schließlich ihren Schwur und erklärte sich bereit, den Georg von Opel-Preis in der Kategorie „Unvergessene Meister" in Frankfurt am Main in Empfang zu nehmen, und betrat zum ersten Mal wieder deutschen Boden. Dabei besuchte sie auch ihre Geburtsstadt Laupheim, wo ein Sportplatz ihren Namen trägt. Bei einem weiteren Besuch 2003 kam es zum Wiedersehen mit Elfriede Rahn-Kaun. 2004 erschien mit „Hitler's Pawn" in den USA ein Dokumentarfilm über Gretel Bergmann, 2009 kam der halbdokumentarische Spielfilm „Berlin 36" in die deutschen Kinos, in dem es um die Vorgänge im Vorfeld der Olympiade geht. Margaret Lambert lebt in New York.

ELFRIEDE RAHN-KAUN wurde am 5. Oktober 1914 als Elfriede Kaun in Büttel an der Elbe geboren. Sie wuchs in Kiel auf und entwickelte erst spät sportliche Ambitionen: Mit achtzehn Jahren trat sie dem Kieler Turnverein bei. Dort zeigte sich allerdings schnell ihre Begabung für den Hochsprung. 1934 wurde sie Norddeutsche Meisterin, Vizemeisterin bei den „Deutschen Kampfspielen" und belegte bei den letzten Frauen-Weltspielen in London den sechsten Platz. Mit 1,56 Metern gewann sie beim Länderkampf gegen Japan. 1935 übersprang sie als erste deutsche Frau die 1,60-Meter-Marke und wurde zum ersten Mal deutsche Meisterin. 1936 stellte sie den Europarekord in der Halle auf, im Freien wurde sie sowohl 1936 als auch 1937 nachträglich Deutsche Meisterin, nachdem Dora/Heinrich Ratjen disqualifiziert worden war.
Bei den Olympischen Spielen 1936 in Berlin holte sie mit 1,60 Metern Bronze. In Leni Riefenstahls Olympiafilm wird „unsere" Elfriede Kaun als Protagonistin inszeniert. Nach dem Zweiten Weltkrieg wurde Elfriede Kaun für ihren Hitlergruß bei der olympischen Siegerehrung kritisiert. Sie, die freundschaftlichen Kontakt zu ihrer jüdischen Kollegin Gretel Bergmann pflegte, hat sich jedoch später kritisch mit ihrem Verhalten und ihrer unpolitischen Naivität in dieser Zeit auseinandergesetzt.

Neben dem Sport arbeitete Elfriede Kaun im Sportamt Kiel, das ihr viel Zeit für das Training einräumte. Leni Riefenstahl versprach der attraktiven Kaun, die nach Olympia zu einem Idol wurde, eine Rolle in einem Sportfilm. Zwar ließ sich Elfriede Kaun deshalb erfolgreich zur Schauspielerin ausbilden, zu dem Film kam es jedoch nicht. Mithilfe eines Stipendiums absolvierte Kaun eine Ausbildung zur Kindergärtnerin und blieb weiter im Leistungssport aktiv. 1937 war Elfriede Kaun auch als Weitspringerin erfolgreich und stellte in Kiel einen neuen Hallenweltrekord auf. 1939, kurz vor Beginn des Zweiten Weltkriegs, erzielte sie mit 1,63 Metern ihre persönliche Bestleistung im Hochsprung. 1940 nahm Kaun zum letzten Mal an den Deutschen Meisterschaften teil und verabschiedete sich dann mit 26 Jahren vom Leistungssport. Sie heiratete 1943 den Grafiker Heinz Rahn und behielt ihren Doppelnamen Rahn-Kaun auch nach der Scheidung im Jahr 1963. Während des Zweiten Weltkriegs und in den folgenden Jahren war Elfriede Rahn-Kaun als Kindergärtnerin tätig, dann fand sie eine Anstellung bei der Deutschen Olympischen Gesellschaft. Bis 1972 leitete sie in Timmendorfer Strand eine Sauna, anschließend war sie Gesellschafterin bei der Witwe des Herzogs von Anhalt in Garmisch-Partenkirchen. Als Rentnerin zog sie sich 1980 endgültig nach Kiel zurück, wo sie am 5. März 2008 im Alter von 93 Jahren starb. In Anerkennung ihrer Leistung für den Frauensport vergibt der Landessportverband Schleswig-Holstein seit 1999 den Elfriede-Kaun-Preis, um das überdurchschnittliche Engagement von Frauen im Sport sichtbarer zu machen.

sie für Olympia vorzubereiten? Gretel Bergmann ahnte schon, dass die Sache stank. Doch die Nazis setzten nicht auf freundliche Angebote, sondern auf handfeste Drohungen: gegen die jüdische Sportbewegung, aber auch gegen Bergmanns Familie. Bergmann konnte sich nicht frei entscheiden, nach Deutschland zurückzukehren, sie wurde erpresst.

Tatsächlich hatte das NS-Regime handfeste Gründe, die ausgestoßene Sportlerin zurückzuholen: Um den Ruhm des Dritten Reichs bei Olympia zu maximieren, so der Hintergedanke, mussten möglichst viele Länder, vor allem die Weltmächte und großen Sportnationen, an den Spielen teilnehmen. Doch die in der ganzen Welt bekannte Verfolgung der Juden in Deutschland stand dem entgegen: Die USA drohten damit, die Olympischen Spiele zu boykottieren, sollte die deutsche Mannschaft jüdische Athleten ausschließen. Hitler und seine Funktionäre missbrauchten Gretel Bergmann als Alibi, um die Forderungen der USA zu erfüllen. Gretel Bergmann wusste davon nichts. Auch wenn sie kaum eine Wahl hatte, war Olympia reizvoll – Olympia und die damit verbundene Chance, es dem Regime heimzuzahlen. Sie wollte den Nazis und der ganzen Welt beweisen, dass eine Jüdin Deutschlands beste Sportlerin sein konnte. Die Voraussetzungen waren blendend: Sie war in Höchstform, trainierte hart und stellte kurz vor Olympia in Stuttgart mit 1,60 Metern den deutschen Rekord ihrer Kollegin Elfriede Kaun ein. Gretel Bergmann war unter den Hochspringerinnen Deutschlands eine der großen Medaillenhoffnungen, eine Nominierung für den olympischen Kader schien sicher. Doch die Nazis hatten gar nicht vor, sie antreten zu lassen. Die zwei Jahre Vorbereitung in Deutschland waren nur ein Ablenkungsmanöver gewesen, um die Amerikaner zur Teilnahme zu bewegen. Mit Erfolg: Am 15. Juli 1936 machte sich die US-Mannschaft per Schiff auf den Weg nach Berlin. Bereits am nächsten Tag schrieb der Deutsche Reichsbund für Leibesübungen einen Brief an Bergmann. Eine Absage von enormer Kaltblütigkeit: Bergmann werde „auf Grund der in letzter Zeit gezeigten Leistungen wohl selbst nicht mit einer Aufstellung gerechnet haben". Die Formulierung war blanker Hohn. Ihre in letzter Zeit gezeigte Leistung war nicht weniger als der deutsche Rekord. An ihrer sportlichen Qualifikation konnte kein Zweifel bestehen. Die Wahrheit war, dass sie als Jüdin nicht für Deutschland antreten sollte. Ihre herausragenden Leistungen spielten keine Rolle – eine Medaille für eine deutsche Jüdin, das wäre für das Regime ideologisch zum Problem geworden.

Bergmann war raus, der Traum von Olympia geplatzt. Die junge Frau war allein mit ihrer Wut und Enttäuschung: Ihren Kolleginnen im Kader erzählte man, sie sei verletzt. Das Internationale Olympische Komitee interessierte sich nicht dafür, warum Deutschland einen Platz im Hochsprung unbesetzt ließ. Es blieben Dora Ratjen und Elfriede Kaun. Bei den Spielen holte Kaun Bronze, für Ratjen blieb Platz vier. Gold gewann die Ungarin Ibolya Csák. Gretel Bergmann ist sich sicher: Hätte sie 1936 antreten dürfen, sie hätte Gold geholt. Gold für Deutschland, Gold für eine jüdische Sportlerin. Doch nun blieb ihr nur, Deutschland endgültig den Rücken zu kehren. 1937 emigrierte sie in die USA, wenig später folgte ihr Mann nach. Sie nahm den Namen ihres Mannes, Lambert, an und amerikanisierte ihren Vornamen in Margaret. Ihre Emigration bezeichnete sie als Happy End – im Gegensatz zu Millionen von anderen Juden hatte das Ehepaar den Holocaust überlebt.

Während sich Margaret Lambert in den USA mühsam ein neues Leben aufbauen musste, wusste in Deutschland noch niemand, dass eine weitere Athletin aus der deutschen Hochsprungelite eine tragische Geschichte hatte: Dora Ratjen, die Olympiaviertplatzierte, war keine Frau. Um den sportlichen Auftritt von „Dora" Heinrich Ratjen rankten und ranken sich Gerüchte, die Nazis hätten von der Täuschung gewusst oder sie sogar eingefädelt und ihn absichtlich mit den Frauen trainieren lassen, um im deutschen Kader bessere Leistungen zu erzielen. Auch der Film „Berlin 36", der 2009 in die

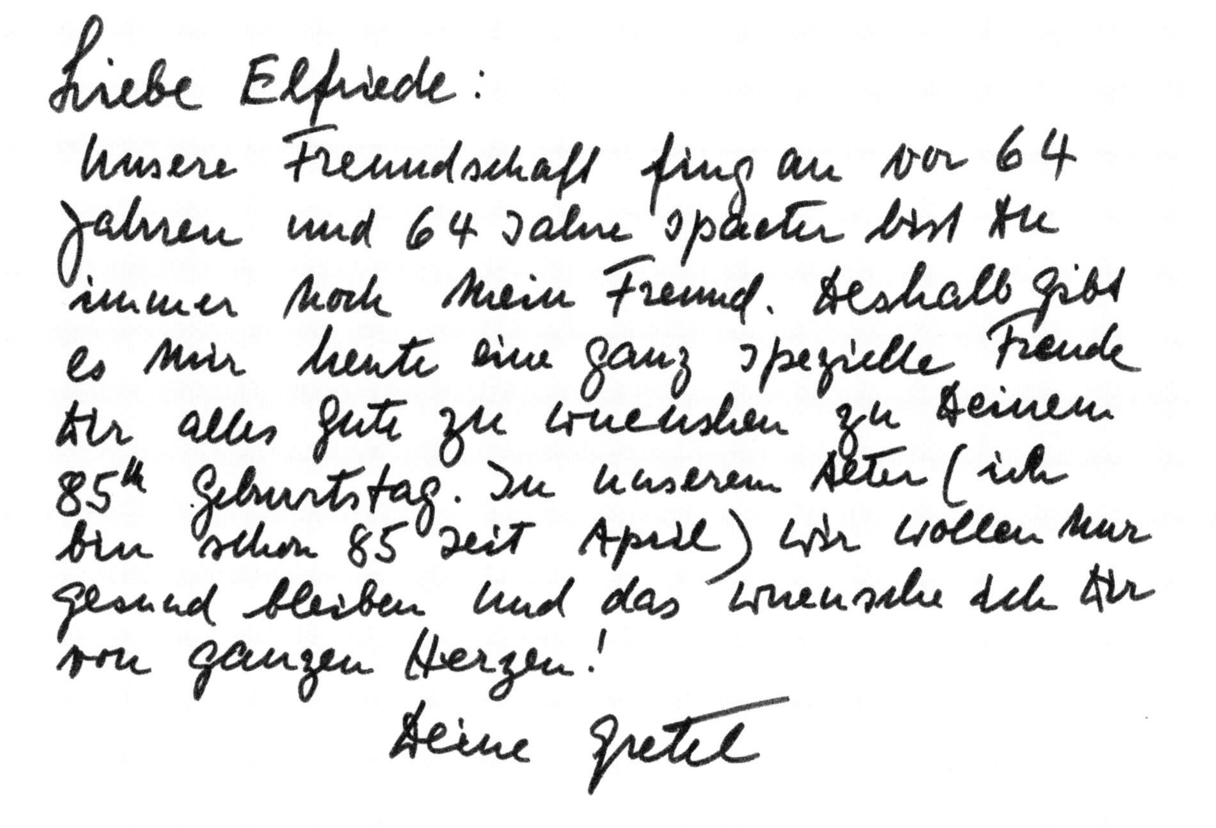

Liebe Elfriede:
Unsere Freundschaft fing an vor 64 Jahren und 64 Jahre später bist Du immer noch mein Freund. Deshalb gibt es mir heute eine ganz spezielle Freude Dir alles Gute zu wünschen zu Deinem 85th Geburtstag. In unserem Alter (ich bin schon 85 seit April) wir wollen nur gesund bleiben und das wünsche ich Dir von ganzen Herzen!
Deine Gretel

deutschen Kinos kam, stützt sich auf diese Theorie. 1938 als Mann „enttarnt“, lebte Ratjen später zurückgezogen unter dem Namen Heinrich und wollte bis zu seinem Tod 2008 wohl nicht über seine Geschichte sprechen. Auszeichnungen und Medaillen aus Wettkämpfen musste Ratjen jedenfalls zurückgeben. Heute gehen Wissenschaftler aufgrund von Untersuchungsberichten und Aussagen der Eltern davon aus, dass niemand von Ratjens wahrem Geschlecht wusste und er wohl nicht gezielt von den Nazis als „Geheimwaffe“ eingesetzt wurde. Elfriede Kaun und Gretel Bergmann, die sich in Vorbereitungslehrgängen das Zimmer mit ihm teilte und erst 1966 in den USA von seinem Geheimnis erfuhr, äußerten später, sie hätten niemals vermutet, dass Ratjen in Wirklichkeit ein Mann war.

Gegenüber der Geschichte von Gretel Bergmann und Elfriede Kaun gerät der Fall Ratjen jedoch zur Randnotiz. Das Verhalten der beiden Frauen offenbart ein hohes Maß an Toleranz und Mut. Unter den prekären Bedingungen im Dritten Reich waren sie als Jüdin und Nichtjüdin befreundet. Mit ihren Leistungen gehörten sie zu den besten Hochspringerinnen ihrer Zeit. Doch nur Elfriede Kaun konnte ihre Karriere auch nach der „Machtergreifung“ der Nationalsozialisten ungestört fortsetzen. Im Nachhinein machte sie sich Vorwürfe wegen ihrer Naivität und ihres fehlenden politischen Interesses. So sagte sie in dem SWF-Fernsehfilm „Die Angst sprang mit“ (2000): „Wir hatten ja unseren Sport, Politik interessierte uns damals nicht. Im Nachhinein muss ich aber sagen, dass uns da wohl zu Recht etwas vorgeworfen

wurde. Wir hätten uns sehr wohl mehr dafür interessieren sollen.“ Dass sie im Gegensatz zu vielen anderen zu dieser Erkenntnis gelangte und sich selbstkritisch mit ihrer Vergangenheit auseinandersetzte, verdient in jedem Fall Respekt.

Und Gretel Bergmann? Die musste nach ihrer Emigration 1937 erst einmal den nachvollziehbaren Hass auf alles Deutsche überwinden. Jahrzehnte später nahm sie den Kontakt zu ihrer Mannschaftskollegin Elfriede Kaun wieder auf. Ihr war sie nicht gram, ihre Kolleginnen konnten damals nichts für ihren Ausschluss. Bergmann schrieb Elfriede Kaun sogar auf Deutsch, in der Sprache, die sie seit Jahrzehnten kaum mehr gesprochen hatte, aus Wut und Entsetzen darüber, was in ihrem Heimatland geschehen war. Ihr deutscher Rekord von 1936 wurde erst 2009 offiziell anerkannt. Mittlerweile wurden zwei Sportstätten in ihrem schwäbischen Heimatort Laupheim und in Berlin nach ihr benannt – eine späte Anerkennung für eine vom Naziunrecht verhinderte Medaillenhoffnung.

MAX SCHMELING

21279 Hollenstedt
Nordheide

Stiftung Deutsche Sporthilfe
– Präsidium –
60596 Frankfurt

Hollenstedt, 2. Januar 2005

Sehr geehrter Herr Präsident,
lieber Herr Grüschow,

unter höflicher Bezugnahme auf Ihr Schreiben vom 2. Dezember 2004 darf ich Ihnen mitteilen, dass ich mich sehr geehrt fühle, in meinem hohen Alter noch einmal für eine Auszeichnung als tauglich befunden zu werden. Wie Sie wissen, wollte ich eigentlich keine Ehrung mehr annehmen. Aber spätestens mit 99 Jahren sollte ein Mann von den Frauen gelernt haben, eine Meinung spontan zu ändern. In diesem Fall tue ich dies aus tiefer Verbundenheit zu der Stiftung Deutsche Sporthilfe. Über die Sonderbriefmarke mir zu Ehren habe ich mich sehr gefreut.

Da ich nun bereits als Briefmarke unterwegs bin, werden Sie sicherlich Verständnis dafür haben, dass ich den weiten Weg nach Frankfurt nicht mehr persönlich antrete. Früher habe ich immer gerne auf dem Ball des Sports das Tanzbein geschwungen. Da ich aber befürchten muss, dass Sie für mich keine gleichaltrige Tanzpartnerin mehr aufbieten können, überlasse ich das Parkett und die Übernahme des Preises heute lieber meinem jungen Freund Henry Maske.

Allen Gästen des Ball des Sports wünsche ich einen vergnüglichen Abend, meine besonderen Grüße gehen an den Herrn Bundespräsidenten und an die anwesenden Athleten.

Mit freundlichem Gruß

Ihr

(Max Schmeling)

Stiftung Deutsche Sporthilfe
– Präsidium –
60596 Frankfurt

Hollenstedt, 2. Januar 2005

Sehr geehrter Herr Präsident,
lieber Herr Grüschow,

unter höflicher Bezugnahme auf Ihr Schreiben vom 2. Dezember 2004 darf ich Ihnen mitteilen, dass ich mich sehr geehrt fühle, in meinem hohen Alter noch einmal für eine Auszeichnung als tauglich befunden zu werden. Wie Sie wissen, wollte ich eigentlich keine Ehrung mehr annehmen. Aber spätestens mit 99 Jahren sollte ein Mann von den Frauen gelernt haben, eine Meinung spontan zu ändern. In diesem Fall tue ich dies aus tiefer Verbundenheit zu der Stiftung Deutsche Sporthilfe. Über die Sonderbriefmarke mir zu Ehren habe ich mich sehr gefreut.

Da ich nun bereits als Briefmarke unterwegs bin, werden Sie sicherlich Verständnis dafür haben, dass ich den weiten Weg nach Frankfurt nicht mehr persönlich antrete. Früher habe ich immer gerne auf dem Ball des Sports das Tanzbein geschwungen. Da ich aber befürchten muss, dass Sie für mich keine gleichaltrige Tanzpartnerin mehr aufbieten können, überlasse ich das Parkett und die Übernahme des Preises heute lieber meinem jungen Freund Henry Maske.

Allen Gästen des Ball des Sports wünsche ich einen vergnüglichen Abend, meine besonderen Grüße gehen an den Herrn Bundespräsidenten und an die anwesenden Athleten.

Mit freundlichem Gruß
Ihr
Max Schmeling

MAX SCHMELING an die Stiftung Deutsche Sporthilfe

MAX SCHMELING kam am 28. September 1905 in Klein-Luckow in der Uckermark zur Welt. Er wuchs als Sohn eines Steuermanns bei der Hapag in Hamburg auf und absolvierte nach der Volksschule eine kaufmännische Ausbildung. Im Anschluss arbeitete er bei einem Tiefbauunternehmen, zunächst in Düsseldorf, dann in Köln. Dort wurde er Mitglied des Boxclubs Köln-Mülheim und verzeichnete bereits nach kurzer Zeit seinen ersten sportlichen Erfolg: 1924 wurde er als Amateur Vizemeister im Halbschwergewicht. Kurze Zeit später ging Schmeling unter die Profiboxer. 1926 folgte der erste deutsche Meistertitel im Halbschwergewicht, 1927 wurde er Europameister in derselben Gewichtsklasse. Mit dem Sieg über Franz Diener wurde Schmeling 1928 deutscher Schwergewichtsmeister – in Deutschland war damit alles gewonnen. Schmeling entschied sich, in die USA zu gehen. Durch seinen Sieg über Jack Sharkey feierte er dort 1930 als erster deutscher Schwergewichtsweltmeister einen triumphalen Erfolg. Den Titel konnte er 1931 verteidigen, verlor ihn allerdings 1932 bei einer umstrittenen Niederlage nach Punkten wieder an Jack Sharkey. Mit seinem Sieg gegen Joe Louis 1936 erreichte Max Schmelings Popularität in den USA ihren Höhepunkt. Der Kampf gilt bis heute als einer der spektakulärsten der Boxgeschichte. 1939 konnte Schmeling mit dem Titel des Europameisters noch einen großen sportlichen Erfolg verbuchen, bevor er 1940 zur Wehrmacht eingezogen wurde. Als Fallschirmjäger verletzte er sich 1941 bei einem Einsatz auf Kreta schwer an den Knien und am Rücken und wurde zwei Jahre später aus der Wehrmacht entlassen.

Nach dem Krieg stieg Schmeling für wenige Jahre zurück in den Boxring: als Ringrichter und schließlich abermals als Boxer, allerdings mit mäßigem Erfolg. 1948 beendete Max Schmeling seine Boxkarriere nach 70 Profikämpfen, von denen er 56 gewonnen hatte. Er zog sich mit seiner Frau auf sein Landgut in Hollenstedt in der Nordheide zurück und wurde Unternehmer – zunächst in der Landwirtschaft, später als Konzessionär für Coca Cola. In den folgenden Jahren erweiterte er sein Getränkeunternehmen, bei dem 1997 über 500 Mitarbeiter beschäftigt waren. Neben dem Beruf gründete er 1991 die Max-Schmeling-Stiftung zur Unterstützung Hilfsbedürftiger und karitativer Organisationen, außerdem spendete er regelmäßig für unterschiedliche wohltätige Zwecke wie den Behindertensport oder die SOS-Kinderdörfer. Schmeling war Ehrenbürger seines Geburtsortes sowie von Los Angeles und Las Vegas. Nach dem Tod seiner Frau Anny Ondra im Jahr 1987 lebte der Witwer allein in Hollenstedt und blieb noch mit über neunzig Jahren sportlich aktiv. Am 2. Februar 2005 starb Max Schmeling 99-jährig, an der offiziellen Trauerfeier im Hamburger Michel nahmen mehr als 1000 Menschen teil.

„Das Herz eines Boxers kennt nur eine Liebe: den Kampf um den Sieg ganz allein." Diese Liedzeile stammt aus dem deutschen Film „Liebe im Ring" aus dem Jahr 1930, vorgetragen in rhythmischem Sprechgesang von Max Schmeling. Ursprünglich war das Werk als Stummfilm geplant, dann aber kam der Tonfilm auf – und urplötzlich musste der schauspielernde Boxer nicht nur sprechen, sondern auch noch singen.

Weshalb die Liedzeile wichtig ist? Dieser Satz ist die einzige Unwahrheit, deren man Schmeling in seinem 99 Jahre währenden Leben überführen konnte. Im Ring galten alle seine Gedanken dem Sieg, das stimmt. Aber der Boxer Max Schmeling liebte viel mehr als den Kampf. Er liebte seine Frau Anny Ondra, die er im selben Jahr kennenlernte und mit der er fast 54 Jahre lang glücklich und skandalfrei verheiratet war. Er liebte den Sport, und er liebte vor allem das Leben. Vielleicht machten ihn dies und seine Persönlichkeit mehr zum Jahrhundertsportler als jeder Sieg im Ring. Sogar der über den als unbezwingbar geltenden Joe Louis.

Max Schmeling war für mehrere Generationen das Ideal des Sporthelden. Er konnte austeilen und einstecken. Er war stark und humorvoll, ehrlich und fair. Und er kam mit den Widersprüchen und Wechselspielen des Lebens klar. Nicht nur beim Film „Liebe im Ring", wo er spielend den Übergang vom stummen zum „rappenden" Boxer schaffte. Schmeling war und blieb volkstümlich, auch als er von den Intellektuellen und Künstlern der Weimarer Zeit umringt, besungen, gemalt und in Bronze gegossen wurde. Schmeling lebte, was materielle Dinge angeht, zeit seines Lebens höchst bescheiden. Dabei war er der erste deutsche Sportler, der nicht nur des Ruhmes wegen nach Amerika ging, sondern dort die fetten Kampfbörsen machte, das große Geld, und der nach seiner aktiven Laufbahn ein erfolgreicher Unternehmer wurde. Schmeling heiratete mit Anny Ondra eine Filmschönheit, aber anstatt sich in seiner Popularität zu sonnen, zog das Paar sich ins Privatleben zurück, sooft es nur ging. Und obwohl die Nazis seinen Sensationssieg über

Joe Louis am 19. Juni 1936 im New Yorker Yankee Stadium als den „Beweis für die Überlegenheit der arischen Rasse" propagandistisch ausschlachteten und Schmeling umschmeichelten, wurde er kein Nazi. Aber nicht nur den Schmeicheleien, auch dem Druck des Regimes widerstand er: Die Forderung der Nationalsozialisten, sich von seiner tschechischen Frau zu trennen, lehnte Schmeling ebenso ab wie den Anspruch, sich von jüdischen Freunden und seinem jüdischen Manager Joe Jacobs zu distanzieren. In der Reichspogromnacht rettete Schmeling sogar zwei jüdische Jungen, die Brüder Henri J. und Werner Lewin, vor dem braunen Pöbel. Der Boxer versteckte die Söhne seines Herrenausstatters in seiner Suite im Berliner Hotel Excelsior.

Nur einmal ließ sich Schmeling des Sports wegen vor den Karren der Naziregierung spannen und warb als deren Unterhändler beim amerikanischen Olympischen Komitee für eine Teilnahme der Amerikaner an den Olympischen Spielen in Berlin 1936. Später bewertete er sein Handeln als „grenzenlose Naivität" – und diese Selbstkritik wurde ihm nach dem Krieg abgenommen, zumal die Nazis Schmeling ihre Enttäuschung über seine Niederlage im Rückkampf gegen Joe Louis am 22. Juni 1938 spüren ließen. Max Schmeling war der einzige Spitzensportler der Zeit, der zum aktiven Kriegsdienst eingezogen wurde. Nach außen posaunte die Propaganda allerdings, der Exweltmeister habe sich freiwillig gemeldet.

Allen propagandistischen Verzerrungen zum Trotz – in die eine wie in die andere Richtung – blieb Schmeling bei der Bevölkerung in Nazideutschland schlicht als großer Sportler und anständiger Mensch populär. Diese Popularität hielt sich auch in der Nachkriegszeit, bis an sein Lebensende und darüber hinaus.

Für seine Lebensleistung erhielt der hochbetagte Max Schmeling im Jahr 2005 die „Goldene Sportpyramide ehrenhalber" der Stiftung Deutsche Sporthilfe. Diese Stiftung fördert Athleten in nahezu allen Disziplinen des Leistungssports. Die ideelle und finanzielle Unterstützung macht es vielen Sportlern möglich, sich

HANS-LUDWIG GRÜSCHOW wurde am 21. Dezember 1935 in Hamburg geboren und wuchs in Neumünster auf. Neben seiner Ausbildung zum Tuchmacher und Textilkaufmann nahm Grüschow ein Studium an der Textilingenieurschule auf, das er 1956 abschloss. Schon in dieser Zeit war er dem Sport eng verbunden: zunächst als Stabhochspringer, dann als Hürdenläufer und Handballspieler bei Olympia Neumünster. Seine berufliche Karriere begann Grüschow als Trainee bei Karstadt. 1968 wechselte er zum Hertie-Konzern nach Frankfurt am Main, 1976 stieg er dort zum Vorstandsmitglied auf. Ab 1987 war er beim Energiedienstleister Techem tätig, von 1993 bis 1999 als Vorstandsvorsitzender, danach als Vorsitzender des Aufsichtsrats. Von 1997 bis 2005 war er Vorstandsvorsitzender der Stiftung Deutsche Sporthilfe. In dieser Funktion erhielt er den vorliegenden Brief von Max Schmeling.

neben Ausbildung, Studium oder Beruf auf ihren Sport zu konzentrieren und herausragende Leistungen zu erbringen. Die Preisgelder aus der Verleihung der „Goldenen Sportpyramide" bei der jährlichen Benefizgala in Berlin werden an ein Benefizprojekt im Sport weitergegeben. Max Schmeling konnte den Ehrenpreis, der ausnahmsweise beim Ball des Sports in Frankfurt überreicht werden sollte, nicht mehr persönlich entgegennehmen und schrieb deshalb den abgedruckten Brief, mit dem er die Auszeichnung annahm und sich bedankte. Sein Kommen sagte Schmeling auf charmante und humorvolle Weise ab, mit sanfter Ironie darauf hinweisend, dass er ja nun als Briefmarke unterwegs sei. Gemeint war eine Sonderbriefmarke der österreichischen Post aus Anlass seines 99. Geburtstags 2004; in Deutschland gab es eine solche aufgrund der Regelung nicht, dass mit Ausnahme des Bundespräsidenten keine lebenden Persönlichkeiten auf Briefmarken abgebildet werden. Die „Goldene Sportpyramide ehrenhalber" nahm Henry Maske am 5. Februar 2005 anstelle von Max Schmeling entgegen und verlas einen Gruß Schmelings an das Publikum. Dies war der wohl bewegendste Moment in der Geschichte der Veranstaltung. Max Schmeling war drei Tage zuvor gestorben. Sein großer Wunsch, 100 Jahre alt zu werden, blieb ihm versagt. Wie er es sich erbeten hatte, wurde Schmeling in aller Stille neben seiner 1987 verstorbenen Frau beigesetzt. Die letzte Ehrung, eine deutsche Sonderbriefmarke zum 100. Geburtstag Schmelings, kam am 8. September 2005 an die Briefmarkenschalter. Sie zeigt ein Doppelporträt Max Schmelings – einmal als kraftstrotzender Athlet und einmal als alter, freundlich lächelnder Herr.

Von Max Schmeling gibt es ein geflügeltes Wort, das sich im amerikanischen Boxgeschäft bis heute gehalten hat. Auf die Frage der Reporter, ob er sich bei seinem ersten Kampf gegen Joe Louis Chancen ausgerechnet habe, entgegnete Schmeling verschmitzt und mit hörbarem deutschem Akzent: „I have seen something." Tatsächlich hatte er auf Filmbildern bemerkt, dass Louis nach einem seiner kurzen, gefährlichen Haken oft für einen Moment die linke Führhand fallen ließ. Mit diesem Wissen konnte Schmeling seine Konter ins Ziel bringen. Ein mit deutschem Akzent ausgesprochenes „I have seen something" bedeutet seither in der Boxwelt: „Pass auf, ich kenne deine Schwächen!" In einem Interview mit dem Journalisten Gunnar Meinhardt sagte Schmeling aber 1993 einen anderen Satz, der es ebenfalls verdient hat, behalten zu werden. Schmeling bekannte, dass er nicht an ein Leben nach dem Tod glaube. Er sagte aber auch: „Ich lebe so, als wenn es wirklich einen Gott gibt."

Die **STIFTUNG DEUTSCHE SPORTHILFE** wurde 1967 gegründet und hat seither über 44 000 deutsche Sportler mit rund 375 Millionen Euro unterstützt. 90 Prozent aller bundesdeutschen Medaillen bei Olympischen Spielen, Welt- und Europameisterschaften wurden von Sporthilfe-geförderten Athleten gewonnen. Aktuell unterstützt die Sporthilfe rund 4 000 Sportler und 400 Internatsschüler in über 50 Sportarten. Grundvoraussetzung für die Aufnahme in die Sporthilfe-Förderung ist die Zugehörigkeit zum Bundeskader eines Spitzenverbandes und die Durchführung eines Beratungsgesprächs mit dem Laufbahnberater des zuständigen Olympiastützpunkts zum Thema „Duale Karriereplanung". Geförderte Sportler müssen den Sporthilfe-Eid unterschreiben, mit dem sie ein Bekenntnis gegen Doping und für Fairplay abgeben. Das Leitmotiv der Sporthilfe lautet „Leistung. Fairplay. Miteinander".

Ihre Mittel beschafft die Sporthilfe durch private Spenden, Benefizevents wie den Ball des Sports oder die Goldene Sportpyramide, Partnerkooperationen und Vermarktungsaktivitäten. Hinzu kommen Erlöse aus der Lotterie „Glücksspirale" und den Sport-Briefmarken. Mit der Kampagne „Dein Name für Deutschland" kann auch jeder sportbegeisterte Bürger mit einem Betrag von nur drei Euro im Monat „offizieller Sponsor" der deutschen Spitzensportler werden. Er leistet damit einen kleinen Beitrag zu den großen Erfolgen deutscher Athleten bei Olympischen Spielen, Paralympics, Welt- und Europameisterschaften.

Seite 2 • BILD-BUNDESAUSGABE • 15. Juni 2006

Wir brauchen diesen Optimismus

SUPER! Erste Politiker hissen die Fan-Flagge!

Internationale WM-Gäste begeistert von unserem Land

Wie kommen wir Deutschen im Ausland an?

Ihr Deutschen seid Schwarz Rot Geil

So teuer ...tsreform!

Post von Wagner

Lieber Franz Beckenbauer,

das Hoch über Deutschland – viel Sonnenschein, örtlich ein paar Schleierwolken, geringes Gewitter-Risiko, Tagestemperaturen bis zu 31 Grad – heißt *Volker*.

Somit ist geklärt, daß Meteorologen vom Wetter keine Ahnung haben. Es ist das Hoch Franz.

Bisher waren Sie der Kaiser, nun sind Sie der Wettergott. Was kommt vom Himmel – nicht Schwefel, Blitz und Feuer. Die Engel der Sonne sind über uns. No Nazis, no Hooligans. Es ist, als würden wir Deutschen zum zweiten Mal wiedervereint. Der Kohl von heute heißt Beckenbauer. Weil die Bewegungen des Herzens und der Beine zusammenhängen. Franzsein ist wie Deutschsein. Niemals wird Klinsmann ein Deutschmann sein. Es fehlen ihm die weiblichen Züge zum Ball. Franz Beckenbauer liebt den Ball wie eine Frau. Klinsmann liebt den Ball wie ein Vorstandsvorsitzender.

Ich weiß nicht, wie die WM enden wird – aber ohne Franz würde es regnen, regnen, regnen.

Herzlichst

Franz Josef Wagner

Sie können Franz Josef Wagner auch eine E-Mail schreiben: fjwagner@bild.de

MICHEL GUYONNET, HENNING SCHEFFEN, DIRK BRZOSKA, STEFANO LAURA, JENS KOCH

Franz Josef Wagner an FRANZ BECKENBAUER

„Bild“, 13. Juni 2006

Lieber Franz Beckenbauer,

das Hoch über Deutschland – viel Sonnenschein, örtlich ein paar Schleierwolken, geringes Gewitter-Risiko, Tagestemperaturen bis zu 31 Grad – heißt Volker.

Somit ist geklärt, daß Meteorologen vom Wetter keine Ahnung haben. Es ist das Hoch Franz.

Bisher waren Sie der Kaiser, nun sind Sie der Wettergott. Was kommt vom Himmel – nicht Schwefel, Blitz und Feuer. Die Engel der Sonne sind über uns. No Nazis, no Hooligans. Es ist, als würden wir Deutschen zum zweiten Mal wiedervereint. Der Kohl von heute heißt Beckenbauer. Weil die Bewegungen des Herzens und der Beine zusammenhängen. Franzsein ist wie Deutschsein. Niemals wird Klinsmann ein Deutschmann sein. Es fehlen ihm die weiblichen Züge zum Ball. Franz Beckenbauer liebt den Ball wie eine Frau. Klinsmann liebt den Ball wie ein Vorstandsvorsitzender.

Ich weiß nicht, wie die WM enden wird – aber ohne Franz würde es regnen, regnen, regnen.

Herzlichst
Ihr F. J. Wagner

Die WM 2006 ging als „Sommermärchen“ in die Geschichte ein. Diese Fußballweltmeisterschaft veränderte das Bild der Deutschen überall auf der Welt. Ganz in Schwarz-Rot-Gold getaucht, zeigte sich Deutschland vom 9. Juni bis zum 9. Juli 2006 als gastfreundliches Land mit fröhlichen Menschen. Deutschland war im Sommer 2006 eine einzige Partymeile. Auf einmal galten die Deutschen nicht mehr als miesepetrig und technokratisch, sondern als ein Volk, das fernab von nationalistischem Getöse

FRANZ BECKENBAUER wurde am 11. September 1945 als Sohn des Postobersekretärs Franz Beckenbauer und dessen Frau Antonie in München geboren und wuchs in Giesing auf. Er ist gelernter Versicherungskaufmann, wurde aber bald Profifußballer und gewann alles, was es im Fußball zu gewinnen gibt: Mit seinem FC Bayern Deutsche Meisterschaften, den DFB-Pokal, den Europacup, Auszeichnungen als Fußballer des Jahres – alles in Serie. Als Spieler krönte Beckenbauer seine Karriere 1974 als Kapitän der deutschen Fußballnationalmannschaft mit dem Weltmeistertitel. Im Februar 1977 bestritt er gegen Frankreich sein 103. und letztes Länderspiel. Im Mai 1977 verließ er die Bayern und wechselte zum amerikanischen ausgelassen und friedlich feiern kann. Überall auf der Welt verschwanden alte Vorurteile gegenüber den Deutschen. Und sogar das Wetter war gut. Kaiserwetter.

Die Fußballweltmeisterschaft 2006 war natürlich ein Gemeinschaftswerk. Aber ein Mensch hatte an dem Erfolg besonderen Anteil: Franz Beckenbauer. Vorher schon war er der „Kaiser", die Lichtgestalt, der personifizierte Fußballgott. 1974 war er Weltmeister als Spieler, 1990 als Trainer. 2006 errang Beckenbauer ein drittes Mal einen WM-Titel, diesmal als Organisationsweltmeister.

Schon bei der Vergabe der WM trug Franz Beckenbauer viel dazu bei, dass Deutschland überhaupt zum Zuge kam. Danach, während der WM-Vorbereitungen, legte er sich als Vorsitzender des Organisationskomitees im wahren Wortsinn rastlos ins Zeug, damit sich Deutschland vor den Augen der Welt im besten Licht präsentieren konnte. Beckenbauer bereiste alle 31 Gastländer der Endrunde. Dabei legte er zu Lande, zu Wasser und in der Luft 120 000 Kilometer zurück, wurde von Staatspräsidenten und Regierungschefs empfangen.

Franz Josef Wagner, der Kolumnist von Beckenbauers Leib-und-Magen-Blatt „Bild", fand die treffenden Worte, um diese Leistungen als Galionsfigur und Gastgeber der WM zu würdigen. Am 13. Juni 2006, die WM hatte nach dem Sieg der Deutschen im Auftaktspiel gegen Costa Rica mit Philipp Lahms frühem Führungstor gerade richtig Fahrt aufgenommen, schwärmte Wagner in seiner „Bild"-Kolumne „Post von Wagner" angesichts der Begeisterung im Land von einer zweiten deutschen Wiedervereinigung.

Dass der Vergleich zwischen Beckenbauer und Kohl hinkt? Geschenkt. Dass Wagner in seinem Brief den Bundestrainer Jürgen Klinsmann herabsetzt, nur um Franz Beckenbauer noch mehr zu erhöhen? Ist einer der durchschaubaren Tricks des Boulevards. Dass die Argumentation von einem Satz zum anderen springt? Egal.

Warum das egal ist? In seinem Brief an den „lieben Franz Beckenbauer" hat Franz Josef Wagner einmal mehr einen Vierwortsatz geschrieben, wie ihn nur Franz Josef Wagner hinschreiben kann: „Franzsein ist wie Deutschsein." Dem ist nichts mehr hinzuzufügen.

Profiklub Cosmos New York, wo er 1977, 1978 und 1980 die US-Meisterschaft gewann. Anschließend kehrte er, für viele überraschend, in die Bundesliga zurück und spielte beim Hamburger SV. Sein Abschiedsspiel gab er am 1. Juni 1982 bei einer Begegnung zwischen dem HSV und der Nationalmannschaft. Den Erlös dieses Spiels spendete Beckenbauer seiner Franz Beckenbauer Stiftung. Danach kehrte er noch einmal kurz zu Cosmos New York zurück und übernahm 1984 als „Teamchef" – weil ihm die Trainerlizenz fehlte, durfte er sich nicht Bundestrainer nennen – die Verantwortung für die Nationalelf. Wie sich zeigte, hatte Beckenbauer nicht nur spielerisch ungeheuer viel Talent, sondern auch als Motivator und Taktiker. Höhepunkt und Abschluss seiner Laufbahn als Teamchef war der Weltmeistertitel, den die Nationalmannschaft am 8. Juli 1990 in Rom errang. Legendär wurde nach dem gewonnenen Finale gegen Argentinien sein einsamer Spaziergang über den Rasen des Olympiastadions.

Im selben Jahr wechselte Beckenbauer in den Vereinsfußball und wurde Cheftrainer und später Technischer Direktor des französischen Erstligisten Olympique Marseille. Dieser zog unter Beckenbauer bis ins Endspiel um den Europapokal ein, verlor aber das Finale gegen Roter Stern Belgrad im Elfmeterschießen mit 3:5. Im Dezember 1993 kehrte Beckenbauer zu den Bayern zurück und trat dort als Interimstrainer für den Rest der Spielzeit die Nachfolge des beurlaubten Erich Ribbeck an. Die Bayern wurden auch in der Saison 1993/94 Deutscher Meister. Das Traineramt gab Beckenbauer danach an Giovanni Trapattoni ab. Im November 1994 wurde Beckenbauer mit nur zehn Gegenstimmen zum Präsidenten des FC Bayern gewählt und später in diesem Amt mehrfach bestätigt. Als Präsident trieb er die Umwandlung des Vereins in eine Aktiengesellschaft voran. So wurde er im Jahr 2002 zusätzlich Aufsichtsratsvorsitzender der FC Bayern München AG. In Beckenbauers Präsidentschaft fiel auch der Stadionneubau in Fröttmaning am Stadtrand von München. Die 340 Millionen Euro teure Arena mit 69 000 Plätzen wurde im Mai 2005 eröffnet.

Parallel zu seinen Ämtern beim FC Bayern übernahm Beckenbauer als Vorsitzender des deutschen Bewerbungskomitees eine tragende Rolle beim Zustandekommen der Fußball-WM 2006 in Deutschland. Auch seiner Reisediplomatie war es zu verdanken, dass die FIFA im Juli 2000 mit 12:11 Stimmen bei einer Enthaltung Deutschland gegenüber dem favorisierten Südafrika den Zuschlag erteilte. Danach reiste Beckenbauer als Botschafter des deutschen Fußballs weiter um die Welt und übernahm bei der WM die Rolle des Organisationschefs. Auch als Werbeikone für diverse Marken konnte Beckenbauer überzeugen („Ja ist denn heut' scho' Weihnachten?"). Jenseits von Werbebotschaften sind verschiedene seiner Aussprüche („Schau'n mer mal …") zu geflügelten Worten geworden. Beckenbauer ist fünffacher Vater und mehrfacher

FAN FEST BERLIN
FAN FEST BERLIN
Fan Fest FIFA WM 2006™
PHILIPS
TOSHIBA
TOSHIBA
PHILIPS
HYUNDAI
MasterCard
PHILIPS
rbb

Großvater. In seiner Freizeit spielt er Golf und veranstaltet Golfturniere zugunsten seiner Stiftung. Die 1982 gegründete Franz Beckenbauer Stiftung kümmert sich um behinderte und in Not geratene Menschen. In Umfragen, wer der bekannteste Deutsche sei, landet Beckenbauer regelmäßig auf Platz eins.

Der deutsche Journalist und Buchautor **FRANZ JOSEF WAGNER** wurde am 7. August 1943 im mährischen Olmütz (heute Olomouc in Tschechien) geboren. Vater und Mutter waren Lehrer. Nach der Flucht nach Deutschland zog die Familie nach Regensburg. Kaum zu glauben: Wagner, der gerne das publizistische Raubein gibt, war in seiner Kindheit Ministrant und Klosterschüler. Außerdem sang er bei den weltberühmten Regensburger Domspatzen mit.

Obwohl begabt flog Wagner durch das Abitur und schlug sich danach in Genf und Paris mit Gelegenheitsjobs durch. Wieder zurück in Deutschland, bekam er ein Volontariat bei der „Nürnberger Zeitung". 1966 ging Wagner zum Axel-Springer-Verlag. Für die „Bild" fuhr er als Kriegsberichterstatter in die Krisengebiete der Welt, als Chefreporter beackerte er in München und Hamburg die typischen Boulevardthemen, Promis und Politik. Anschließend arbeitete Wagner für die Illustrierte „Jasmin" und schrieb nebenbei als Ghostwriter „Autobiografien", unter anderem die Franz Beckenbauers, und mehrere Romane.

1988 nahm der Medienmacher Günter Prinz seinen Ziehsohn Franz Josef Wagner mit zum Burda-Verlag nach München. Bei Burda war Wagner zwischen 1990 und 1992 Chefredakteur des People-Magazins „Bunte". Außerdem entwickelte er die deutsche Lizenzausgabe der Frauenzeitschrift „Elle". 1991 wurde Wagner Chefredakteur der als Ostkonkurrenz zur „Bild" konzipierten Boulevardzeitung „Super!", die bereits am zweiten Tag des Erscheinens mit der legendären Schlagzeile „Angeber-Wessi mit Bierflasche erschlagen – Ganz Bernau ist froh, dass er tot ist" aufmachte. Trotz des Anfangserfolgs ging das Blatt ein Jahr später wieder ein, und Wagner kehrte auf den Chefredakteurssessel der „Bunten" zurück, von dem er aber 1996 abberufen wurde. Hauptgrund war eine Schadenersatzforderung des Schauspielers Tom Cruise wegen falscher Interviewaussagen. Wagner übernahm daraufhin bei Burda die Entwicklungsredaktion für eine neue Illustrierte, ging dann aber 1998 zu Springer zurück, wo er Chefredakteur der „B.Z." und „B.Z. am Sonntag" wurde. Diesen Posten verlor Wagner nach einer Entgleisung gegenüber der Schwimmerin Franziska van Almsick („Franzi van Speck – als Molch holt man kein Gold").

Um den Mann aus der Schusslinie zu nehmen und trotzdem zu halten, schuf der Springer-Verlag eigens für Wagner den Job des „Chefkolumnisten". Seit Januar 2001 fünfmal wöchentlich schreibt Wagner in der „Bild" die Kolumne „Post von Wagner", in der er seine 20-Zeilen-Romane veröffentlicht, gerne populistisch, oft poetisch, mitunter zotig, aber dafür immer stilistisch ungeheuer gewandt. Wagner braucht kein Adjektiv, um mit seiner Sprache Bilderwelten hervorzuzaubern. Auch als Chefkolumnist scheut Wagner nicht vor Konflikten zurück – und bekommt immer wieder Wind von vorn in Form von Gegendarstellungen und Beleidigungsklagen. Berufskollegen nennen ihn halb abschätzig, halb bewundernd gerne „Gossen-Goethe" oder – diese Bezeichnung ist wirklich fabelhaft – den „Klaus Kinski des deutschen Pressewesens".

Wagner ist verheiratet, lebt aber alleine in Berlin. Seine Tochter Iris ist ebenfalls Journalistin. Nicht nur als Kolumnist und Publizist liebt Wagner die Extreme – extrem ist auch sein Lebenswandel. Einerseits ist er Kettenraucher, andererseits ist er sportlich, spielt Tennis und joggt. Einerseits ist er einer der bekanntesten Medien- und Meinungsmacher, andererseits hat er bisher alle Einladungen zu Talkshows abgelehnt.

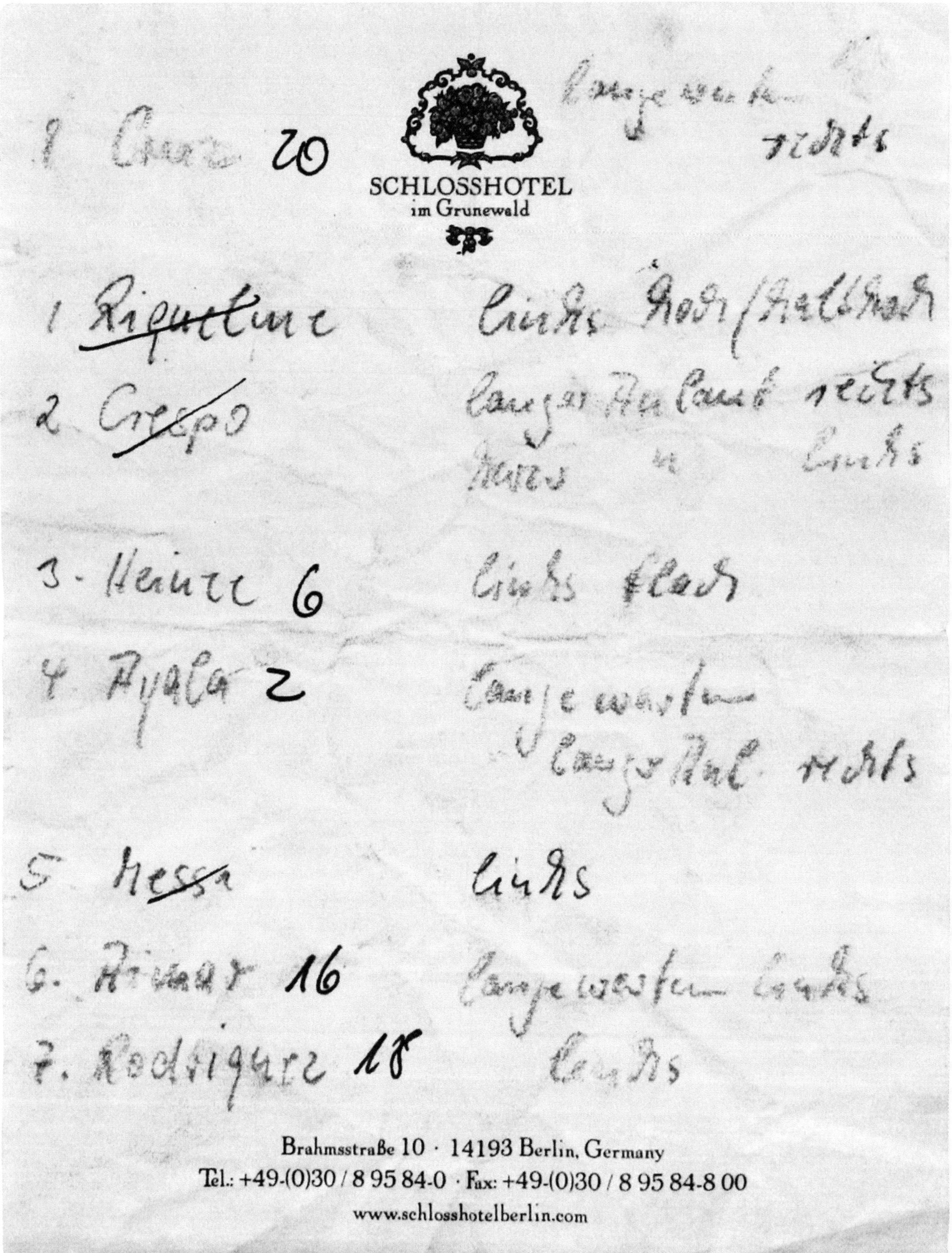

SCHLOSSHOTEL
im Grunewald

lange warten
rechts

1 Cruz 20

1 Riquelme — links hoch/halbhoch

2 Crespo — langer Anlauf rechts
kurzer u. links

3. Heinze 6 — links flach

4. Ayala 2 — lange warten
langer Anl. rechts

5. Messi — links

6. Aimar 16 — lange warten links

7. Rodriguez 18 — links

Brahmsstraße 10 · 14193 Berlin, Germany
Tel.: +49-(0)30 / 8 95 84-0 · Fax: +49-(0)30 / 8 95 84-8 00
www.schlosshotelberlin.com

[Andreas Köpke an Jens Lehmann]

8. Cruz 20	*lange warten rechts*
1. Riquelme	*links hoch (halbhoch)*
2. Crespo	*langer Anlauf rechts*
	kurzer Anlauf links
3. Heinze 6	*links flach*
4. Ayala 2	*lange warten*
	langer Anl. rechts
5. Messi	*links*
6. Aimar 16	*lange warten links*
7. Rodriguez 18	*links*

Die englische Fußball-Legende Gary Lineker sagte einmal den berühmten Satz: „Fußball ist ein einfaches Spiel: 22 Männer jagen 90 Minuten lang einem Ball nach, und am Ende gewinnen die Deutschen." Ganz so einfach ist es natürlich nicht. Zum Gesetz wird der deutsche Erfolg erst lange nach den 90 Minuten. Kommt es bei bedeutenden internationalen Turnieren nämlich zum Elfmeterschießen, wird aus dem Klischee ein Fakt: Am Ende gewinnen die Deutschen. Immer. Jedenfalls fast immer. Die Regel wird durch die Ausnahme beim Finale der Europameisterschaft 1976 bestätigt, als Uli Hoeneß den Ball vom Elfmeterpunkt aus direkt in den Nachthimmel über Belgrad beförderte und Deutschland der Tschechoslowakei unterlag. Die Sportwissenschaft hat viel Zeit und Energie in die Frage investiert, worin der Grund für die deutsche Überlegenheit beim Elfmeterschießen besteht – bislang mit mehr oder minder unbefriedigenden Ergebnissen. Vermutlich wäre es einfacher, herauszufinden, warum es ausgerechnet 1976 einmal nicht geklappt hat.

Doch ein guter Trainer ruht sich nicht auf einem vermeintlichen Naturgesetz aus. Ein guter Torwarttrainer auch nicht. Deshalb gab der deutsche Torwartcoach Andy Köpke bei der Weltmeisterschaft 2006 in Deutschland seinem Schützling Jens Lehmann vor dem Elfmeterschießen im Viertelfinale gegen Argentinien einen Spickzettel mit auf den Weg. Auf dem kleinen Stück Papier hatte Köpke mit Bleistift notiert, in welche Ecke die argentinischen Schützen jeweils bevorzugt schossen. Statistik also.

Der Ausgang des Spiels ist bekannt: Deutschland gewann, natürlich. 5:3. Wie viel die Angaben von Köpke dazu beigetragen haben, ist unklar. Lehmann spielt die Relevanz des Zettels heute gerne herunter, und natürlich entschied sich der eine oder andere Argentinier für eine andere Ecke als erwartet. Doch Elfmeterschießen ist Nervensache. Und die argentinischen Spieler waren höchst irritiert, weil Lehmann vor jedem Schuss einen zerknitterten Zettel aus seinem Stutzen zog und kurz studierte. Das dürfte geholfen haben. Auch für Lehmann scheint

adidas

der „Spicker" sentimentalen Wert zu haben – schließlich schrieb er auf die Rückseite eine Botschaft an seine Tochter Liselotta, die erst drei Monate vor der WM geboren worden war. Nachdem Millionen Zuschauer in Deutschland auf den Fernsehbildschirmen verfolgt hatten, wie der Toptorwart im entscheidenden Moment ein kleines Stück Papier zu Hilfe nahm, wurde der Spickzettel zu einem begehrten Objekt und schließlich für eine Million Euro zugunsten eines guten Zwecks versteigert.

Soziales Engagement ist Andreas Köpke mindestens so wichtig wie der Fußball selbst: Als internationaler Schirmherr arbeitet er für den Verein „Kids are our No. 1" und dessen deutschen Partnerverein „Kinder sind unsere Nr. 1 e. V.", die Kinder in aller Welt mit nachhaltigen Konzepten fördern und dabei auf die positive Wirkung von Sport setzen: durch bessere Ausrüstung, die Weiterbildung von Lehrern und Trainern oder die Organisation von Training, Spielen und Turnieren. Dafür werden auch die Einnahmen aus den Rechten des Köpke-Lehmann-Zettels eingesetzt.

Heute ist „Andy Köpke's WM-Spickzettel™" im Haus der Geschichte in Bonn ausgestellt. Die Erzählungen des Torwarttrainers rund um das magische Stück Papier sind auf Fußballseminaren und Veranstaltungen gefragt, als ginge es um ein überliefertes Geheimrezept. Gut so. Denn selbst wenn am Ende bislang immer die Deutschen gewonnen haben – Elfmeterschießen bleibt Nervensache, und da schadet ein bisschen Unterstützung nie.

ANDREAS KÖPKE gilt als einer der besten Torhüter in der Geschichte des deutschen Fußballs. Er wurde am 12. März 1962 in Kiel geboren. Der gelernte Kfz-Mechaniker begann mit dem Fußballspielen in der E-Jugend von Holstein Kiel. Bis 1983 hielt er dem Verein die Treue, zunächst als Feldspieler. 1983 wechselte Köpke als Torwart zum SC Charlottenburg, der gerade in die Zweite Liga aufgestiegen war. Im folgenden Jahr stieg der Verein wieder ab, und Köpke wechselte zum damaligen Zweitligisten Hertha BSC Berlin. 1986 holte der 1. FC Nürnberg Köpke für eine Ablösesumme von umgerechnet etwa 62 500 Euro in die Erste Liga. Noch vor dem Beginn der Saison wurde Köpke Stammkeeper, da der bisherige Torhüter Herbert Heider verletzt war. Nachdem er in den ersten beiden Spielen noch acht Treffer kassiert hatte, entwickelte sich Köpke im Lauf der Saison zu einem sicheren Rückhalt. Auch in der deutschen Nationalmannschaft arbeitete sich Köpke langsam an die Spitze. Sein erstes Länderspiel bestritt er im Mai 1990 gegen Dänemark.

1993 wurde Andy Köpke zum Fußballer des Jahres gewählt und stand regelmäßig im Tor der DFB-Elf. Das folgende Jahr verlief jedoch weniger erfolgreich: Der 1. FC Nürnberg stieg ab. Köpke bezeichnet diese Phase heute als den absoluten Tiefpunkt seiner Karriere. Bei der WM entschied sich Bundestrainer Berti Vogts überraschenderweise für Bodo Illgner als Nummer eins vor Köpke. Der wurde jedoch endgültig Stammtorhüter der Nationalelf, als Illgner nach dem Turnier zurücktrat. Das zahlte sich bei der Europameisterschaft 1996 in England aus, bei der das deutsche Team den Titel auch dank Köpkes Leistung gewann. Entsprechend wurde er durch die International Federation of Football History & Statistics (IFFHS) zum Welttorhüter des Jahres gewählt. Kurz vor der EM war allerdings Köpkes Verein Eintracht Frankfurt, wohin er 1994 gewechselt war, abgestiegen. Köpke musste sich wieder einen neuen Verein suchen. Nach einem Transferstreit zwischen dem VfB Stuttgart, bei dem er bereits als Neuzugang vorgestellt worden war, und dem FC Barcelona stand Köpke zwischenzeitlich ohne Verein da. Eine neue Heimat fand er schließlich bei Olympique Marseille. 1998 folgte die erste Weltmeisterschaft, bei der Köpke als Nummer eins im deutschen Tor stand. Die WM verlief weder für Deutschland noch für Köpke selbst befriedigend. Köpke schied aus der Nationalelf aus. Nach zunehmenden Konflikten mit Marseilles Trainer wechselte Andy Köpke 1998, obwohl er lukrativere Angebote bekommen hatte, ablösefrei zum 1. FC Nürnberg, der kurz vor dem Abstieg stand. Den Abstieg konnte er zwar letztlich nicht mehr verhindern, blieb dem Verein jedoch auch in der Zweiten Liga treu. In der Saison 2000/2001 schaffte der Club die Rückkehr in die Bundesliga – und Köpke damit endlich seinen ersten Aufstieg überhaupt. Anschließend gab er seinen Abschied als Torwart bekannt. Genau zum richtigen Zeitpunkt, wie er später erklärte: Er habe keine gesundheitlichen Schäden davongetragen und das wiege die zwei oder drei Jahre, die er länger hätte spielen können, auf jeden Fall auf.

Seit dem Ende der Fußballkarriere ist Köpke als Management-Trainer, Referent, Keynote Speaker und Berater bei der Unternehmensgruppe SSC Sports & Sales Consulting tätig. 2004 bot ihm der DFB den Posten des

Torwarttrainers der Nationalmannschaft an, den zuvor Sepp Maier innehatte. Als „BTT" (Bundestorwarttrainer) nahm Köpke an den Weltmeisterschaften 2006 und 2010 teil, bei denen die deutsche Mannschaft jeweils den dritten Platz erreichte. Er ist in zweiter Ehe verheiratet, hat zwei Töchter und einen Sohn. Andreas Köpke engagiert sich ehrenamtlich unter anderem für seinen Verein „Kinder sind unsere Nr. 1 e. V." sowie für die Deutsche Torwartschule als Schirmherr.

JENS LEHMANN kam am 10. November 1969 in Essen zur Welt. Obwohl sich in seiner Familie niemand für Fußball begeistern konnte, fing er bereits mit sechs Jahren an, bei DJK Heisingen zu spielen. 1978 wechselte Lehmann zu Schwarz-Weiß Essen, wo er, der wie Köpke als Feldspieler begonnen hatte, ins Tor wechselte. 1987 ging er zum FC Schalke 04, der im folgenden Jahr in die Zweite Liga abstieg. In der Saison 1989/90 wurde Lehmann Stammtorhüter und blieb es auch nach Schalkes Aufstieg in die Bundesliga. Nach den frühen Höhenflügen folgten 1992 und 1993 erste Rückschläge: eine schwere Knieverletzung und ein miserables Spiel gegen Bayer Leverkusen, bei dem er von den eigenen Fans ausgepfiffen und zur Halbzeit vom Trainer ausgewechselt wurde. In den folgenden Jahren erwarb Lehmann sich in der Bundesliga jedoch einen Ruf als exzellenter Torwart. Den Höhepunkt seiner Schalker Zeit bildete der Erfolg mit der als „Eurofighter" bezeichneten Mannschaft im UEFA-Pokal 1996/97. Lehmanns Anteil daran war nicht gering: So hielt er einen Strafstoß im Elfmeterschießen des Finales gegen Inter Mailand. Seinen ersten Einsatz für die Nationalmannschaft hatte er 1998. Doch der Weg zur Nummer eins im deutschen Team war blockiert: Vor ihm stand der nicht minder ehrgeizige „Torwart-Titan" Oliver Kahn – und der war nicht bereit, für Lehmann Platz zu machen. Bei der WM 1998 war Lehmann die Nummer drei hinter Köpke und Kahn, nach Köpkes Abschied wurde er zur Nummer zwei, die er auch bei der Weltmeisterschaft 2002 blieb. In diesen Turnieren spielte er keine einzige Minute. Die Rivalität zwischen den beiden Spitzentorhütern Kahn und Lehmann wurde zum Dauerbrenner auf dem Platz und in den Medien. Obwohl es mitunter aussichtslos erschien, gab Lehmann sein Ziel, Kahn abzulösen, nicht auf.

1998 wechselte Lehmann zum AC Mailand, wo er sich jedoch auch mit der Rolle des zweiten Torhüters zufriedengeben musste. Als er Ende des Jahres ein Angebot von Borussia Dortmund erhielt, ging er deshalb zurück nach Deutschland. Nach Integrationsschwierigkeiten in Dortmund, wo Lehmann als früherer Spieler des Erzrivalen Schalke einen schweren Stand hatte, erlebte er 2001/2002 seine bis dato erfolgreichste Saison. Der BVB wurde Deutscher Meister und erreichte das Endspiel des UEFA-Pokals. 2003 wechselte Lehmann zum FC Arsenal London, mit dem er auf Anhieb den Meistertitel holte. Parallel lief es auch in der Nationalmannschaft besser: Mit dem Wechsel von Rudi Völler zu Jürgen Klinsmann kam endlich Lehmanns Chance auf den Stammplatz. Klinsmann forderte die beiden Topkeeper auf, um den Titel der Nummer eins zu kämpfen. Und Lehmann kämpfte, im Nationalteam wie im Verein. In der Saison 2005/2006 erzielte Lehmann im Tor von Arsenal einen neuen Champions-League-Rekord von 852 gespielten Minuten ohne Gegentor. Arsenal erreichte so das Endspiel, in dem die Mannschaft allerdings dem FC Barcelona unterlag und Lehmann bereits nach 18 Minuten vom Platz gestellt wurde. Bei der WM 2006 erhielt er das Vertrauen von Jürgen Klinsmann, der ihn zur Nummer eins machte. Lehmann rechtfertigte dies mit guten Leistungen und erlangte mit zwei gehaltenen Elfmetern im Viertelfinale gegen Argentinien Heldenstatus. Lehmann blieb auch bei der EM 2008 Deutschlands Nummer eins. Im selben Jahr nahm ihn der VfB Stuttgart unter Vertrag. 2010 beendete Lehmann seine Fußballkarriere vorläufig, ging jedoch Anfang 2011 für den Rest der Saison zum FC Arsenal zurück und kehrte dem Profifußball erst im Juni 2011 endgültig den Rücken.

Jens Lehmann ist verheiratet und hat mit seiner Frau einen Sohn und eine Tochter; außerdem lebt ein Sohn seiner Frau aus einer früheren Beziehung in der Familie. Jens Lehmann engagiert sich ehrenamtlich unter anderem für die „Stiftung Jugendfußball" und als Kuratoriumsmitglied für die „Deutsche Kinderkrebsnachsorge". 2010 veröffentlichte Jens Lehmann seine Autobiografie unter dem Titel „Der Wahnsinn liegt auf dem Platz".

Wolfgang Karger – 71696 Möglingen, 09.03.2007

Sehr geehrter Herr Brand,

auch auf diesem Wege nochmals herzlichen Glückwunsch zum Handball Weltmeisterschafts – Titel und die vielen tolle Stunden des per TV dabei seins die nun zwar vorbei.

a b e r

vorbei ist nicht der Erfolg, (Gott sei Dank) sondern unglaublich viele Stunden der unvergesslichen Handball Weltmeisterschaft in Deutschland 2007.

Das eine oder andere Mal freilich hätte ich mir etwas weniger Spannung gewünscht, das war fast nicht mehr zu auszuhalten. Jeder Krimi ist dagegen wie Sesamstrasse – so unglaublich war das Mitfiebern mit Ihnen und Ihren tollen Mannen. Wer vorher nicht wusste, was eine Mannschaft ausmacht, der bekam dies in eindrucksvoller Weise vorgemacht ! Einfach super !
Ihnen als dem „Macher“ dieser Mannschaft nochmals vielen Dank für die tolle Zeit.
Nun aber zum eigentlichen Grund meines Schreibens.

Natürlich haben viele Menschen in Deutschland mit Ihnen und der Mannschaft mitgefiebert, einer aber hat mehr dafür getan – Felix Baquè aus Möglingen !
Der hat Ihnen den Beistand Gottes während eines Gottesdienstes in der katholischen Kirche Sankt Maria in Möglingen erbeten mit den Worten:

Guter Gott.
Du liebst alle Menschen gleichermaßen und unparteiisch
Ich bitte Dich:
Mache heute Nachmittag für die Zeit des Handballfinales
eine Ausnahme
damit wir mit Deiner Hilfe Handballweltmeister werden.
Ich bitte Dich erhöre mich!

Wie wir heute natürlich alle wissen wurde, seine Bitte, die ich im Bild festgehalten habe erhört.
Jetzt ist also klar, dass nicht Sie sondern die Bitte von Felix dafür verantwortlich ist, dass Sie mit der Mannschaft Weltmeister wurden!! schmunzel schmunzel

Wie Sie sehen, haben Sie mit Ihrer Mannschaft unglaublich viel geleistet und alle Altersstufen damit erreicht. Darauf können Sie zusätzlich auch noch stolz sein.

Mit allen guten Wünschen für eine weiterhin tolle Zukunft Ihnen und der Mannschaft übersende ich ein Bild von Felix während er die oben aufgeführten „Vorlesung“ für Sie

Wolfgang Karger

09.03.2007

Sehr geehrter Herr Brand,

auch auf diesem Wege nochmals herzlichen Glückwunsch zum Handball Weltmeisterschafts-Titel und die vielen tollen Stunden des per TV dabei seins die nun zwar vorbei
a b e r
vorbei ist nicht der Erfolg, (Gott sei Dank) sondern unglaublich viele Stunden der unvergesslichen Handball Weltmeisterschaft in Deutschland 2007.

Das eine oder andere Mal freilich hätte ich mir etwas weniger Spannung gewünscht, das war fast nicht mehr zu auszuhalten. Jeder Krimi ist dagegen wie Sesamstrasse – so unglaublich war das Mitfiebern mit Ihnen und Ihren tollen Mannen. Wer vorher nicht wusste, was eine Mannschaft ausmacht, der bekam dies in eindrucksvoller Weise vorgemacht! Einfach super! Ihnen als dem „Macher" dieser Mannschaft nochmals vielen Dank für die tolle Zeit.
Nun aber zum eigentlichen Grund meines Schreibens.

Natürlich haben viele Menschen in Deutschland mit Ihnen und der Mannschaft mitgefiebert, einer aber hat mehr dafür getan – Felix Baquè aus Möglingen! Der hat Ihnen den Beistand Gottes während eines Gottesdienstes in der katholischen Kirche Sankt Maria in Möglingen erbeten mit den Worten:

Guter Gott.
Du liebst alle Menschen gleichermaßen und unparteiisch
Ich bitte Dich:
Mache heute Nachmittag für die Zeit des Handballfinales
eine Ausnahme
damit wir mit Deiner Hilfe Handballweltmeister werden.
Ich bitte Dich erhöre mich!

Wolfgang Karger an HEINER BRAND

Wie wir heute natürlich alle wissen wurde, seine Bitte, die ich im Bild festgehalten habe erhört. Jetzt ist also klar, dass nicht Sie sondern die Bitte von Felix dafür verantwortlich ist, dass Sie mit der Mannschaft Weltmeister wurden!! schmunzel schmunzel

Wie Sie sehen, haben Sie mit Ihrer Mannschaft unglaublich viel geleistet und alle Altersstufen damit erreicht. Darauf können Sie zusätzlich auch noch stolz sein.

Mit allen guten Wünschen für eine weiterhin tolle Zukunft Ihnen und der Mannschaft übersende ich ein Bild von Felix während er die oben aufgeführten „Vorlesung" für Sie

Wolfgang Karger

Motivation ist alles im Sport. Das weiß auch Heiner Brand, der 1978 bereits als Spieler Weltmeister wurde, sicher nicht erst seit dem Gewinn der Handballweltmeisterschaft als Trainer 2007. Und motiviert wurde die Nationalmannschaft bei der WM im eigenen Land auf eine Art und Weise, die normalerweise nur dem Fußball vorbehalten ist: 19 000 Zuschauer feierten das Team am 4. Februar 2007 in der ausverkauften Kölnarena, Millionen hingen vor dem Fernseher oder fieberten beim Public Viewing mit, hinterher gab es Autokorsos und Feuerwerk. Zehntausende empfingen ihre Handballhelden, die zuvor als krasse Außenseiter gehandelt worden waren, mit schwarz-rot-goldenen Flaggen und Sprechchören auf dem Kölner Rathausmarkt. „Wahnsinn, was ihr in den letzten Wochen geleistet habt", rief Brand denn auch den Menschen zu. Schließlich spielte neben der Leistung der Mannschaft und des Trainers sicher auch die Begeisterung des Publikums eine Rolle beim Gewinn der begehrten Trophäe. Angela Merkel gehörte zur Fangemeinde, sie schickte eine Glückwunschkarte. Und offenbar hatte eine noch höhere Macht ebenfalls ihre Hand im Spiel, als das Wintermärchen 2007 wahr wurde.

HEINER BRAND, am 26. Juli 1952 in die Handballstadt Gummersbach und eine Handballfamilie hineingeboren, ist der einzige Deutsche, der als Spieler (1978) wie als Trainer (2007) Handballweltmeister wurde. Die Begeisterung für den Handballsport hat in der Familie Brand eine lange Tradition. Der Großvater Heiner Brands war vor dem Zweiten Weltkrieg Vorsitzender des VfL Gummersbach, sein Vater Erwin hatte später entscheidenden Anteil am Aufbau des Spitzenteams. Die beiden älteren Brüder Jochen und Klaus waren ebenfalls hervorragende Handballspieler.

Als Spieler blieb Heiner Brand dem VfL Gummersbach von seinem Eintritt als Siebenjähriger bis zum Ende seiner aktiven Karriere treu und wechselte nie den Verein. Mit dem VfL wurde Brand sechs Mal Deutscher Meister und vier Mal DHB-Pokalsieger, außerdem gewann der Spieler Brand im Vereinshandball zahlreiche europäische Titel. Als Aktiver in der Nationalmannschaft bestritt Heiner Brand 131 Länderspiele und galt mit seinen 1,93 Metern Körpergröße als einer der besten Abwehrspieler der Welt.

In seiner zweiten Karriere als Langzeit-Bundestrainer des DHB schickte er zwischen 1997 und 2011 die Nationalmannschaft 396 Mal aufs Feld. Dabei konnte er nicht nur auf seine praktischen Erfahrungen als ehemaliger Weltklassespieler vertrauen, sondern brachte auch sein Fachwissen und sein Talent ein, um eine Mannschaft zu formen und zu motivieren. Als er die Handballnationalmannschaft 1997 übernahm, war diese gerade an der WM-Qualifikation gescheitert. Schon ein Jahr später, bei der EM, brachte Brands Mannschaft

die Bronzemedaille nach Hause. In der Folgezeit stieg Deutschland zu einer internationalen Handballmacht auf: 2001 wurden die deutschen Handballmänner Vizeeuropameister, 2003 Vizeweltmeister, 2004 Europameister und Olympiazweite, ehe Brand 2007 seine Trainerlaufbahn mit dem Gewinn der Weltmeisterschaft im eigenen Land krönte. Dabei konnten die Deutschen plötzlich einen anderen Heiner Brand kennenlernen. Als Spieler und in den ersten zehn Jahren als Bundestrainer galt er als wenig zugänglich und etwas mürrisch, nun zeigte er sich locker, lässig und eloquent. Die gewonnene WM bescherte dem Nischensport Handball zudem mehr Fernsehpräsenz und eine Schwemme an begeisterten Jungs, die in die Fußstapfen ihrer großen Vorbilder treten wollten. 2008 wurde Heiner Brand in die „Hall of Fame" des deutschen Sports aufgenommen.

Im Anschluss an die WM blieben die großen Titelgewinne aus – die deutschen Handballmänner verloren schrittweise den Anschluss an die Weltspitze. Eine wesentliche Ursache dafür lag nach der Meinung Heiner Brands in dem Umstand, dass deutsche Spieler im Vereinshandball zu wenige Einsatzmöglichkeiten bekommen. Nach Platz 10 bei der EM 2010 und Platz 11 bei der WM 2011 legte Heiner Brand im Juni 2011 sein Amt als Bundestrainer vorzeitig nieder. Dem vorausgegangen war ein Streit um eine Quotenregelung für deutsche Spieler in der Handballbundesliga.

Brands Markenzeichen ist sein buschiger Walrossbart, den er bisher nur drei Mal in seinem Leben abgenommen hat, zuletzt nach dem EM-Gewinn 2004. Auch in vielen anderen Belangen zeigt Brand Beständigkeit: Seit den frühen 1970er Jahren ist er mit Ehefrau Christel, einer Grundschullehrerin, verheiratet. Aus der Ehe stammen die beiden Kinder Markus und Julia. Heiner Brand hat

Mit Humor, Hochachtung und Euphorie gratuliert Wolfgang Karger, der in seiner Jugend selbst Handball gespielt und die WM in seinem Heimatort Möglingen verfolgt hat, dem Trainer und seiner Mannschaft zu ihrem Erfolg und berichtet in seinem Brief von diesem „Beistand Gottes". Die Verbindung von Glauben und körperlicher Ertüchtigung ist dabei auch institutionell keine Neuigkeit. So existiert zum Beispiel bereits seit 1964 der Arbeitskreis Kirche und Sport der Evangelischen Kirche in Deutschland, der das christliche Leben im Sport fördern und zugleich Christen zu einem sportlichen Leben anregen will. Die Anfänge des katholischen Bundesverbandes für Breiten- und Leistungssport, des DJK-Sportverbandes, bei dem es um die Vermittlung christlicher Werte und um Sport als Lebenshilfe geht, reichen bis zum Anfang des 20. Jahrhunderts zurück. Dass allerdings ein Geistlicher im Gottesdienst für den Erfolg einer Mannschaft betet, kann erhebliche Folgen nach sich ziehen: Als der niederländische Pfarrer Paul Vlaar in seiner Gemeinde bei Amsterdam für den Sieg der Oranje-Elf im Finale der Fußballweltmeisterschaft gegen Spanien betete, verlor er kurzfristig sein Amt – und die Mannschaft das Spiel.

Doch auch nach Siegen, sei es mit oder ohne Unterstützung durch Gebete, schwebt die Welt nicht immer einhellig motiviert auf Sportwolke sieben. Heiner Brand, der Architekt des WM-Erfolgs von 2007, dachte bald an Rücktritt und machte eine Verlängerung seines Vertrags als Bundestrainer über das Jahr 2008 hinaus von Veränderungen in der Handballbundesliga abhängig: Er fühlte sich im Stich gelassen. Er war unzufrieden darüber, dass man seine Forderung nach einer Beschränkung der Ausländerzahl in den Vereinen, damit junge Spieler sich in der Bundesliga entwickeln könnten, nicht berücksichtigt hatte. Und er empfand es als Frechheit, dass man ihn zu der entsprechenden Ligaversammlung nicht einmal eingeladen hatte. Als er das Amt schließlich 2011 endgültig niederlegte, machte er dafür auch „die Kommentare und die Einmischungen einiger Besserwisser aus den Vereinen und der Ligaführung" verantwortlich. Bereits im Frühjahr 2009 hatte er mit ansehen müssen, wie das so hart erkämpfte Image und die Glaubwürdigkeit des deutschen Handballsports erheblich unter einer Korruptionskrise um den THW Kiel litten. Und in seiner von Frank Schneller aufgezeichneten Autobiografie „InTeam" verhehlt Brand, der seit den frühen 1970er Jahren verheiratet ist und zwei Kinder hat, auch nicht die Schattenseiten eines Familienlebens ganz im Zeichen des Handballs. Den tragischsten Einschnitt in seiner Karriere bedeutete jedoch der schwere Sportunfall seines ehemaligen Gummersbacher Teamkollegen Joachim „Jo" Deckarm im März 1979. Weil der Freund fortan permanent auf fremde Hilfe angewiesen war, kümmerte Heiner Brand sich persönlich um ihn und wurde nicht zuletzt dafür im November 2011 mit dem neu geschaffenen Joachim-Deckarm-Preis ausgezeichnet. Auch für sich selbst zog er aus dem Unfall Konsequenzen: „Ich lebe seither bewusster und habe auch bewusster gespielt."

Tragik als Triebfeder für ein neu und anders wahrgenommenes Leben, die Heiner Brand auch in seiner jetzigen Position für sich und andere zu nutzen weiß: Als Sportmanager beim Deutschen Handballbund fördert der „Meister der Personalführung" (taz) heute junge Talente, Heiner Brand, der stets auf eines vertraute, nämlich die „Macht der verbalen Motivation".

an der Universität Köln Betriebswirtschaft studiert und arbeitet heute als Sportmanager mit dem Schwerpunkt Eliteförderung von jungen Talenten beim Deutschen Handballbund. Motivierend und beeindruckend beständig ist auch das Engagement, mit dem sich Heiner Brand um den ehemaligen Gummersbacher Mannschaftskameraden und Freund Joachim „Jo" Deckarm kümmert. Im November 2011 wurde Heiner Brand erster Preisträger des neu geschaffenen Joachim-Deckarm-Preises.

Der Handballfan **WOLFGANG KARGER** wurde am 2. November 1946 in Ludwigsburg geboren. Als Jugendlicher spielte er beim SKV Eglosheim bei Ludwigsburg Handball und fuhr vereinslos bei Radrennen mit. Nach seiner Lehre als Maschinenschlosser arbeitete er ab 1966 in den unterschiedlichsten Bereichen bei Porsche. Anfang der 1970er Jahre durfte er sogar als Testfahrer den 911er pilotieren. Ab 1985 war der Automobilist für die Abteilung Öffentlichkeitsarbeit und Presse des Sportwagenbauers tätig und zuletzt bis zur Frühpensionierung im Sommer 2005 Verantwortlicher des „alten" Porsche-Museums. 2010 verlegten Wolfgang Karger und seine Frau, die bis dahin in Möglingen gelebt hatten, ihren Wohnsitz nach Spanien. Dort verfolgt er über deutsche TV-Sender die Spiele der deutschen Handballvereine und natürlich die der deutschen Handballnationalmannschaft.

Stefan H.

Kilian

Obersulz, 23. Sept. 2008

Lieber Herr Steiner!

Wir gratulieren Ihnen zur Goldmedaille. Vielleicht können Sie ja wieder zu uns in die Volksschule kommen? Wir würden uns sehr freuen. Es gibt sehr viele Fragen, die wir Ihnen gerne stellen würden.

Wie waren die Olympischen Spiele für Sie? Waren Sie sehr aufgeregt? Wie ist dort so ein Tag? War das, was Sie bei den Olympischen Spielen gehoben haben Ihr Höchstgewicht? Wie ging es Ihnen nach den Olympischen Spielen?

Viele von uns haben vor dem Fernseher mitgefiebert und Ihnen zugejubelt. Sie sind der stärkste Mann den wir kennen. Wir würden sehr gerne die Medaille sehen, die Sie gewonnen haben. Ist sie aus echtem Gold?

Hoffentlich kommen Sie bald bei uns vorbei. Das wäre super.

Viele Grüße
von den Kindern
der Volksschule Obersulz!

Stefan
Katharina
Kili
Thomas
Julian
Jessica
Martin
Patrick
Dominik
Simon
Rebecca
Lukas
Judith
Benjamin

Obersulz, 23. Sept. 2008

Lieber Herr Steiner!

Wir gratulieren Ihnen zur Goldmedaille. Vielleicht können Sie ja wieder zu uns in die Volksschule kommen? Wir würden uns sehr freuen. Es gibt sehr viele Fragen, die wir Ihnen gerne stellen würden.

Wie waren die Olympischen Spiele für Sie? Waren Sie sehr aufgeregt? Wie ist dort so ein Tag? War das, was Sie bei den Olympischen Spielen gehoben haben Ihr Höchstgewicht? Wie ging es Ihnen nach den Olympischen Spielen?

Viele von uns haben vor dem Fernseher mitgefiebert und Ihnen zugejubelt. Sie sind der stärkste Mann den wir kennen. Wir würden sehr gerne die Medaille sehen, die Sie gewonnen haben. Ist sie aus echtem Gold?

Hoffentlich kommen Sie bald bei uns vorbei. Das wäre super.

Viele Grüße
von den Kindern
der Volksschule Obersulz!

[Unterschriften der Schülerinnen und Schüler:]
Stefan H., Kilian, Stefan, Katharina, Viki, Thomas, Julian, Martin, Dominik, Simon, Rebecca, Jessica, Patrick, Lukas, Judith, Benjamin

Grundschüler der Volksschule Obersulz an MATTHIAS STEINER

Kinder finden starke Männer toll. Ein bisschen Ehrfurcht gebietend, aber toll. Der Mythos vom Mann mit den Superkräften hat seit jeher eine enorme Anziehungskraft. Dabei nehmen heutzutage Wrestler oder die muskelbepackten Helden aus Computerspielen die Position von früheren Heroen wie Obelix, Bud Spencer oder Arnold Schwarzenegger ein. Für Kinder, deren eigene Kraft noch nicht weit reicht, sind starke Männer etwas zum Staunen, Beneiden und Anhimmeln. Je stärker, desto besser. Wenn sie dann gleich 258 Kilogramm stemmen können, das Gewicht einer halben Schulklasse, qualifiziert sie das gar zum Superhelden.

Der Gewichtheber Matthias Steiner hat 2008 in Peking 258 Kilo bewältigt. Er ist ein Superheld, das machte sich in der Fanpost bemerkbar. Auch die Kinder der österreichischen Volksschule Obersulz, Steiners alter Heimatschule, haben ihm einen Brief geschrieben. Seit 2008 tritt der gebürtige Österreicher als Sportler zwar für seine Wahlheimat Deutschland an, aber für die Menschen in Niederösterreich bleibt er einer von ihnen. Natürlich wissen dort schon die Kleinsten, wer Matthias Steiner ist. Und man kann davon ausgehen, dass sie tatsächlich alle seinen olympischen Wettkampf im Fernsehen verfolgt haben. Was sie dabei zu sehen bekamen, hinterließ einen nachhaltigen Eindruck. So erlebten sie, wie Matthias Steiner in einer unglaublich dramatischen und emotionalen Konkurrenz seinen russischen Widersacher Jewgeni Tschigischew um ein Kilo überbot, und durften am Ende den Gewinn der Goldmedaille bejubeln. Gold für Deutschland zwar, doch ganz im ursprünglichen Geist von Olympia freuten sich die Obersulzer mit ihrem berühmten Sohn.

Matthias Steiner hat sich den Brief zu Herzen genommen und die Volksschule in seiner alten Heimat besucht, Autogramme gegeben und natürlich all die Fragen beantwortet, mit denen ihn die Kinder bombardiert haben. Und die Medaille gezeigt, die leider doch nicht komplett aus Gold besteht. Die Kinder hätten es

MATTHIAS STEINER kam am 25. August 1982 in Wien zur Welt. Von frühester Kindheit an war er sportlich aktiv; zunächst als Fußballer, ab dem zwölften Lebensjahr als Gewichtheber. Mit vierzehn Jahren stemmte er zum ersten Mal 100 Kilogramm Gewicht. Nach der Schule absolvierte Steiner eine Ausbildung zum Gas- und Wasserinstallateur. Als Gewichtheber startete er schnell eine Karriere von internationalem Format: Im Jahr 2001 wurde er Dritter bei der Junioren-Europameisterschaft, 2002 konnte er dort Bronze verteidigen und wurde außerdem Dritter bei der Weltmeisterschaft der Junioren in Tschechien. Bei der Europameisterschaft 2001 trat Matthias Steiner erstmals bei den Senioren an. In der 94-Kilo-Klasse (Mittelschwergewicht) schaffte er es auf den 16. Platz. Kontinuierlich verbesserte er seine Leistung von WM zu WM und debütierte schließlich mit zweiundzwanzig Jahren 2004 bei Olympia in Athen. Dort schaffte er es mit einer Gesamtleistung von 405 Kilogramm im Zweikampf, davon 182,5 im Reißen und 222,5 im Stoßen, auf Platz sieben.

Während Steiners Leistungen sich stetig verbesserten, litt sein Verhältnis zum österreichischen Gewichtheberverband. Aus verschiedenen Gründen entschloss sich Steiner schließlich, nach Deutschland zu ziehen und die deutsche Staatsbürgerschaft zu beantragen. Steiner wechselte in die deutsche Bundesliga und trat für Chemnitz an. In Deutschland legte er an Gewicht zu, versuchte aber zugleich, an Technik und Schnelligkeit zu arbeiten. Dafür nahm er unter anderem Turn- und Ballettunterricht. Anfang 2008 wurde Matthias Steiner deutscher Staatsbürger und intensivierte seine Vorbereitung auf Olympia. Bereits bei der EM in Lignano stellte er mit 246 Kilogramm im Stoßen seine persönliche Bestleistung ein. Inzwischen wog Steiner über 145 Kilogramm.

Bei den Olympischen Spielen in Peking feierte Matthias Steiner schließlich seinen bislang größten sportlichen Erfolg: Er übertraf den vorn liegenden Russen Jewgeni Tschigischew im letzten Durchgang und gewann mit 258 Kilogramm im Stoßen und insgesamt 461 Kilogramm die Goldmedaille. Es folgten Ehrungen über Ehrungen: Steiner wurde zum Empfang bei der Kanzlerin geladen, zum Weltgewichtheber des Jahres und zum deutschen Sportler des Jahres gewählt, erhielt neben dem Bambi den Sächsischen Dankesorden und das Silberne Lorbeerblatt des Bundespräsidenten. Dann wurde es etwas ruhiger um den starken Sportler: Er unterzog sich einer Leistenoperation, veröffentlichte 2009 seine Autobiografie „Das Leben erfolgreich stemmen" und trat erst mehr als ein Jahr nach Olympia wieder als Gewichtheber an. Ein kleiner Leistungseinbruch brachte ihn dazu, seine Teilnahme an der Weltmeisterschaft in Südkorea abzusagen. Erst bei der EM 2010 trat er wieder

Wir gratulieren!
VS
Sulz
3. Klasse
Simon
Thomas
Viktoria
Kilian
Judith
Dominik
Katharina
Toll!
Einmalig!
Jessica
Stefan H.
Martin
4. Klasse
Theresa
Super!
Spitze!
Benjamin
Patrick
Julian
Rebecca

sowieso irgendwann erfahren – so mancher Mythos bröckelt eben schnell.

Irgendwann im Lauf einer durchschnittlichen Kindheit verliert sich normalerweise die Faszination für die starken Männer ein wenig. Mit dem Erwachsenwerden und dem Entwickeln eigener Stärken sinkt bei den meisten – nicht bei allen – die Begeisterung für Obelix, Schwarzenegger und Co. Den Obersulzer Kindern wird es mit Matthias Steiner anders ergehen. Steiner, der Spitzensportler, der aus ihrem Ort kam, ist ein Mythos, der nicht bröckeln wird. Er wird immer ein Idol für sie bleiben – und auf jeden Fall „der stärkste Mann den wir kennen".

an und verpasste Gold im Stoßen nur knapp. Anfang 2011 stellte Matthias Steiner gemeinsam mit seinem Kollegen Almir Velagic mit 333 Kilogramm einen neuen Weltrekord im Tandem-Gewichtheben auf. Im September 2011 erlitt Steiner einen Einriss der Quadrizepssehne im linken Bein und verpasste deshalb die Deutschen Meisterschaften und die Weltmeisterschaft 2011 in Paris. Matthias Steiner, der mit seiner Frau und einem Sohn in Heidelberg lebt, spielt in seiner Freizeit Tennis, fährt Motorrad und geht gerne ins Kino.

Maria Höfl-Riesch

Kitzbühel, 04. November 2011

Sehr geehrter Dr. Ippen,

Sie sind einer der bedeutendsten Zeitungsverleger Deutschlands und unter anderem Herausgeber des „Münchner Merkur". Ein Berichterstatter dieser Zeitung schrieb am 24. Oktober dieses Jahres anlässlich des alpinen Weltcupstarts in Sölden unter der Überschrift „Wieder ist Frau Vonn einen Schwung voraus" über meinen Mann und mich:

- „... stapfte Ex-Freundin Maria Höfl-Riesch leicht angesäuert von dannen."
- „Im Ziel wanzte sich ihr Manager-Ehemann an Alpindirektor Wolfgang Maier heran."
- „Blieb sie früher als Maria Riesch, als sie noch alles selbst entscheiden durfte, immer bereitwillig bei den Zeitungsjournalisten stehen, ..., wurde sie am Samstag als Höfl-Riesch vom Manager und Ehemann, Gepäckträger und Aufpasser vorbeigelotst. Jetzt teilt er die Wortspenden seiner Gattin ein ..."
- „Um die Klientin noch besser zu verkaufen, kann man sie auch mal zum schlanken Ski-Pin-up umgestalten."

Dass diese Äußerungen voller Häme stecken - sei es drum, das spiegelt höchstens die absurde Gedankenwelt desjenigen wieder, der sie verfasst hat. Wogegen ich mich jedoch verwehre, sind die Unwahrheiten, die allein der Fantasie des Berichterstatters entspringen und jegliches journalistische Ethos vermissen lassen. Im selben Text wurde weiter behauptet, das Verhältnis zwischen mir und meinem Fanclub habe sich „stark abgekühlt". Auch das entspricht keineswegs den Tatsachen, wie der Sprecher des Fanclubs inzwischen in einem Leserbrief an Ihre Zeitung versicherte. Er wisse nicht, heißt es darin, woher man diese Information habe.

Seinen „Feldzug" gegen die Person meines Mannes und gegen mich flankierte erwähnter Berichterstatter mit einem vermeintlichen Interview, das er mit Martina Ertl-Renz geführt haben will (Überschrift: „Vermarktung von Maria Riesch - ich sehe das skeptisch"). Bezeichnenderweise distanziert sich Martina von der Darstellung in vorliegender Form. Für sie sei es zu keinem Zeitpunkt ein Interview gewesen, sie habe die ihr zugeschriebenen Aussagen hinterher auch nicht zur Autorisierung erhalten, womit der Berichterstatter ein weiteres Mal grundlegende journalistische Normen verletzt hat.

Ich weiß, dass Sie nicht für jeden Text, der in einer Ihrer Zeitungen erscheint, persönlich verantwortlich sind. Doch ich gehe davon aus, dass Sie als Verleger und Herausgeber nicht nur die ökonomischen Richtlinien, sondern ebenso die journalistischen Qualitätsansprüche bestimmen. Mir ist sehr wohl bewusst, dass ich als Profisportlerin mit kritischer Berichterstattung umgehen muss. Doch bei aller Kritik oder auch Polemik - die Wahrheit sollte dabei

Kitzbühel, 04. November 2011

Sehr geehrter Dr. Ippen,

Sie sind einer der bedeutendsten Zeitungsverleger Deutschlands und unter anderem Herausgeber des „Münchner Merkur". Ein Berichterstatter dieser Zeitung schrieb am 24. Oktober dieses Jahres anlässlich des alpinen Weltcupstarts in Sölden unter der Überschrift „Wieder ist Frau Vonn einen Schwung voraus" über meinen Mann und mich:

- *„... stapfte Ex-Freundin Maria Höfl-Riesch leicht angesäuert von dannen."*
- *„Im Ziel wanzte sich ihr Manager-Ehemann an Alpindirektor Wolfgang Maier heran."*
- *„Blieb sie früher als Maria Riesch, als sie noch alles selbst entscheiden durfte, immer bereitwillig bei den Zeitungsjournalisten stehen, ..., wurde sie am Samstag als Höfl-Riesch vom Manager und Ehemann, Gepäckträger und Aufpasser vorbeigelotst. Jetzt teilt er die Wortspenden seiner Gattin ein ..."*
- *„Um die Klientin noch besser zu verkaufen, kann man sie auch mal zum schlanken Ski-Pin-up umgestalten."*

Dass diese Äußerungen voller Häme stecken – sei es drum, das spiegelt höchstens die absurde Gedankenwelt desjenigen wieder, der sie verfasst hat. Wogegen ich mich jedoch verwehre, sind die Unwahrheiten, die allein der Fantasie des Berichterstatters entspringen und jegliches journalistische Ethos vermissen lassen. Im selben Text wurde weiter behauptet, das Verhältnis zwischen mir und meinem Fanclub habe sich „stark abgekühlt". Auch das entspricht keineswegs den Tatsachen, wie der Sprecher des Fanclubs inzwischen in einem Leserbrief an Ihre Zeitung versicherte. Er wisse nicht, heißt es darin, woher man diese Information habe.

Seinen „Feldzug" gegen die Person meines Mannes und gegen mich flankierte erwähnter Berichterstatter mit einem vermeintlichen Interview, das er mit Martina Ertl-Renz geführt haben will (Überschrift: „Vermarktung von Maria Riesch – ich sehe das skeptisch"). Bezeichnenderweise distanziert sich Martina von der Darstellung in vorliegender Form. Für sie sei es zu keinem Zeitpunkt ein Interview gewesen, sie habe die ihr zugeschriebenen Aussagen hinterher auch nicht zur Autorisierung erhalten, womit der Berichterstatter ein weiteres Mal grundlegende journalistische Normen verletzt hat.

Ich weiß, dass Sie nicht für jeden Text, der in einer Ihrer Zeitungen erscheint, persönlich verantwortlich sind. Doch ich gehe davon aus, dass Sie als Verleger und Herausgeber nicht nur die ökonomischen Richtlinien, sondern ebenso die journalistischen Qualitätsansprüche bestimmen. Mir ist sehr wohl bewusst, dass ich als Profisportlerin mit kritischer Berichterstattung umgehen muss. Doch bei aller Kritik oder auch Polemik – die Wahrheit sollte dabei nicht auf der Strecke bleiben. Besonders darf es nach meinem Verständnis nicht dazu führen, dass Zehntausende Menschen in Garmisch-Partenkirchen und Oberbayern, die Ihre Zeitung abonniert haben, mit Falschinformationen versorgt werden und das offenbar sogar absichtlich, wie in diesem Fall.

Mich trifft das auch deshalb, weil es meine persönlichen Grundwerte berührt, die mir sehr wichtig sind und zu denen nicht zuletzt eine starke Heimatverbundenheit gehört. Vielleicht wissen sie es nicht, aber ich bin in Garmisch geboren, aufgewachsen und zur Schule gegangen. Auf dem Hausberg habe ich das Skifahren gelernt, und bis zum Mai dieses Jahres habe ich nie woanders gelebt als in Garmisch-Partenkirchen. Meine Eltern und Geschwister leben dort. Mein Vater betreibt dort einen kleinen Betrieb. Im Erdgeschoss des Firmen-Gebäudes befindet sich das Fanclublokal meines Fanclubs, der mich seit Jahren treu begleitet und unterstützt. Ich bin sehr stolz auf meine Fans, jeder einzelne ist mir wichtig. Auch wenn ich nach der Hochzeit zu meinem Mann nach Kitzbühel gezogen bin, was man vielleicht verstehen kann, bleibt Garmisch-Partenkirchen im Herzen meine Heimat. Daran wird sich auch niemals etwas ändern.

Sehr geehrter Herr Ippen, ich hoffe, Sie verstehen meine Enttäuschung und die meines Mannes – über besagten Artikel jetzt besser. Bisher waren die Kontakte zu Mitarbeitern Ihres Verlags von gegenseitigem Respekt und Herzlichkeit geprägt. Damit das auch in Zukunft so sein kann, möchte ich Sie abschließend bitten, mir die Gelegenheit einzuräumen, auf die fehlerhafte Berichterstattung in Ihrer Zeitung zu reagieren, indem Sie dieses Schreiben in Form eines Offenen Briefs im „Münchner Merkur" und den betreffenden Lokalausgaben veröffentlichen.

Ich danke Ihnen für Ihr Verständnis und verbleibe mit herzlichen Grüßen
Ihre Maria Höfl-Riesch

FIS

Wann ist man eine Berühmtheit? Braucht man dazu zigtausend Facebook-Freunde? Einen eigenen Eintrag bei Wikipedia? Oder täglich 300 Hits bei Google News?

Die Skiweltmeisterin und Doppelolympiasiegerin Maria Höfl-Riesch ist nach diesen drei und noch vielen weiteren Kriterien berühmt. Und das mit dem Berühmtsein ist so eine Sache. Es macht angreifbar. Etwa dann, wenn es einmal nicht so läuft. Wenn es beispielsweise einmal 20 Skifahrerinnen gibt, die an einem ganz bestimmten Tag im Jahr einen ganz bestimmten Berg einen Tick schneller hinunterfahren können. Dann ist die Nation in ihrer Ehre gekränkt und stellt Fragen. Ist es ein ganz normales Formtief? Ist sie nicht zu dünn geworden? Oder steckt etwas anderes dahinter? Lässt sie sich nicht zu häufig von ihrem Kerngeschäft, dem Sport, ablenken?

Es ist Aufgabe der Medien, diese Fragen zu stellen und Antworten zu erhalten. Sportlerinnen und Sportler sind keine lebenden Denkmäler. Die Fragen der Journalisten dürfen und müssen kritisch sein, Reporter müssen und dürfen sich nicht mit jeder Antwort abspeisen lassen. Selbst wenn es „nur" um den Sport geht.

Die Frage ist allerdings, wie das Erfragte umgesetzt wird – und ob überhaupt gefragt und nicht einfach nur gedichtet wird. Im Fall der Berichterstattung über Maria Höfl-Riesch im „Münchner Merkur" dürfen sich die Medienvertreter selbstkritisch fragen, ob alles in Ordnung war. Und sie müssen sich die Gegenfrage gefallen lassen, wer sich im Skizirkus und auch im täglichen Leben üblicherweise an wen „heranwanzt" – der Ehemann und Manager des Skistars an die Funktionäre oder die vielen Reporter und Paparazzi an die Skiläuferin?

Es lässt sich darüber streiten und es wird darüber gestritten, ob Maria Höfl-Riesch recht hat, wenn sie darauf verweist, dass es zu den „grundlegenden journalistischen Normen" gehören würde, Interviews zur Autorisierung vorzulegen. Natürlich wird in der Praxis vielfach vom Interviewten eine Autorisierung gefordert, die ihm dann auch gewährt wird. Daneben existiert aber auch

Die deutsche alpine Skirennläuferin **MARIA RIESCH**, die seit der Hochzeit mit ihrem Manager Marcus Höfl 2011 öffentlich unter dem Doppelnamen Höfl-Riesch auftritt, wurde am 24. November 1984 in Garmisch-Partenkirchen geboren. Als Kind der Berge fing sie schon als Dreijährige mit dem Skilaufen an, zwei Jahre später war sie im Skiclub – und richtig gut. Schon als Grundschülerin wollte Maria Riesch nichts anderes als Skirennläuferin werden. Mit 16 bestritt sie auf ihrem Hausberg ihr erstes Weltcuprennen und fuhr gleich in die Punkteränge. Mit 17 räumte sie bei der Junioren-WM im schweizerischen Verbier einen kompletten Medaillensatz ab. In jungen Jahren fiel sie vor allem durch ihre draufgängerische Fahrweise auf, mit der sie bei manchen Rennen stürzte, sich aber nie ernsthaft verletzte.

In der Saison 2003/2004 stieg die Skirennläuferin endgültig in die Weltelite auf. Zu dieser Zeit war ihr Fahrstil längst besonnener, allerdings folgte nun eine Zeit schwerer Verletzungen. Zuerst zog sie sich 2004 eine Knochenabsplitterung in der Schulter zu, erreichte aber trotz einiger Wochen Pause den dritten Platz im Super-G von St. Moritz. Im Januar 2005 riss ihr bei einem Sturz beim Super-G von Cortina d'Ampezzo das Kreuzband im rechten Knie, Maria Riesch konnte daher nicht an den Weltmeisterschaften teilnehmen und fiel für den Rest der Saison aus. Nach mehrmonatiger Pause und Rehabilitation erlitt sie 2005 beim Training in Neuseeland eine Knochenstauchung im linken Schienbein. Dennoch konnte sie sich für die Olympischen Winterspiele 2006 in Turin für die Abfahrt und den Super-G qualifizieren. Allerdings erlitt sie kurz darauf beim Riesenslalom von Aspen erneut einen Kreuzbandriss, dieses Mal im linken Knie. Trotz dieser Leidensgeschichte dachte sie nie ans Aufgeben und kämpfte sich auf beeindruckende Weise an die Weltspitze zurück. 2009 wurde sie Slalomweltmeisterin, 2010 errang sie bei den Olympischen Winterspielen in Vancouver Doppelgold in der Kombination und im Slalom, 2011 gewann sie den Gesamtweltcup

Seit der Saison 2009/2010 hat Maria Riesch Konkurrenz aus der eigenen Familie bekommen. Die jüngere Schwester Susanne Riesch fährt seither in der Slalomdisziplin ebenfalls auf die Podestplätze.

Abseits der Pisten steht Maria Höfl-Riesch oft im Rampenlicht und rührt dabei für sich und ihre Sportart die Werbetrommel. Außerdem engagiert sie sich für den Verein „Innocence in Danger", der Präventions- und Interventionsprojekte gegen sexuellen Missbrauch von Kindern und Jugendlichen fördert.

Der deutsche Verleger **DIRK IPPEN** ist Inhaber der fünftgrößten Zeitungsgruppe in Deutschland. Geboren wurde er am 13. Oktober 1940 als Sohn von Käthe

und Rolf Ippen in Rüdersdorf bei Berlin. Sein Vater war Kaufmann und Mitverleger des „Westfälischen Anzeigers" in Hamm. Nach dem Abitur in Essen 1960 studierte Ippen Rechtswissenschaften in Freiburg, Hamburg und Münster, 1967 promovierte er zum Dr. jur. Nach dem Tod des Vaters stieg er 1968 als Juniorpartner beim „Westfälischen Anzeiger" ein und begann bald danach mit einer Expansionsstrategie. Ippen kaufte vor allem in Schieflage geratene kleine und mittelgroße Regionalzeitungen auf und brachte diese zurück auf Erfolgskurs. Ippen gilt als harter Sanierer, der aber voll hinter dem kritischen Qualitätsjournalismus seiner Redaktionen steht. Bei seinen Übernahmen tastete er die Eigenständigkeit seiner Verlage nie an. Nach Ippens Credo „All life is local" müssen Zeitungen am Erscheinungsort redigiert und gedruckt werden.

Zudem gilt Dirk Ippen als Erfinder der Anzeigen-Kombinationen. Ein Inserent kann dabei für einen geringen Aufschlag seine Anzeige auch in einem Schwesterblatt der Verlagsgruppe schalten, etwa bei Ippens „Münchner Merkur" und beim ebenfalls in München erscheinenden Boulevardblatt „tz". Heute sind derartige Konstruktionen überall Standard, bei der Erfindung war das Konzept ein Geniestreich.

Zu Ippens Mediengruppe gehören heute 7 regionale Tageszeitungen in Deutschland sowie 20 regionale Anzeigenblattverlage mit 100 Anzeigenblättern. Weiterhin gibt die Gruppe 3 deutschsprachige Zeitungen in Spanien heraus, zusätzlich ist Ippen direkt und indirekt an Telefonbuchverlagen, Radiostationen und Internetmedien beteiligt.

Der stille Pressezar, der seinen Einfluss gerne herunterspielt, und seine Frau Marlene haben drei adoptierte Kinder. Ippen bezeichnet sich selbst als Hobbyhistoriker und fördert mit der 2000 gegründeten gemeinnützigen Ippen-Stiftung bürgerschaftliches Engagement auf lokaler Ebene in den Orten, in denen seine Zeitungen erscheinen.

der Grundsatz: Es gilt das gesprochene Wort und dessen genehmigte Aufzeichnung – wenn es denn vorher ausdrücklich so vereinbart wurde.

Maria Höfl-Riesch weiß sich jedenfalls zu wehren, wenn ihr etwas nicht passt. Ein Brief ist im Übrigen heute noch, in Zeiten der elektronischen Kommunikation, oft das Mittel der Wahl, wenn es in der Medienarbeit wirklich ernst wird. Vordergründig wird hektisch telefoniert und gemailt, aber hinter den Kulissen werden in aller Ruhe Briefe aufgesetzt. Und die Bitte, einen persönlichen Brief doch als offenen Brief zu behandeln und abzudrucken, fruchtet meist mehr als das medienanwaltliche Gefuchtel mit der Gegendarstellung.

Dieser Brief wurde nicht, wie von Maria Höfl-Riesch gewünscht, in der Tageszeitung veröffentlicht. Ob der Verleger tatsächlich eingegriffen hat oder sich die Lage einfach so entspannte? Erst einmal sorgte die Zeit dafür, dass sich die Wogen glätteten. Dann trafen sich im Januar 2012 Sportlerin und die redaktionell Verantwortlichen, der Chefredakteur und der Sportchef des „Münchner Merkur", zu einem klärenden Gespräch. Die Journalisten räumten Fehler ein und entschuldigten sich – und damit war der Fall erledigt.

BUNDESREPUBLIK DEUTSCHLAND
DIE BUNDESKANZLERIN

Berlin, 30. November 2011

Herrn
Sebastian Vettel
Red Bull GmbH

Lieber Herr Vettel,

ich gratuliere Ihnen sehr herzlich zum zweiten Weltmeistertitel in der Formel 1.

Bereits vier Rennen vor dem Ende der Saison war Ihnen der Triumph nicht mehr zu nehmen. Mit fahrerischem Können und mentaler Stärke haben Sie die gesamte Saison grandios gemeistert und die Fans begeistert.

Ich freue mich mit Ihnen über diese beeindruckende Leistung und wünsche Ihnen für die kommende Saison weiterhin viel Glück und Erfolg.

Bitte übermitteln Sie meine besten Glückwünsche auch an Ihr Team zum Gewinn der Konstrukteurs-Weltmeisterschaft.

Mit freundlichen Grüßen

Berlin, 30. November 2011

Herrn
Sebastian Vettel
Red Bull GmbH

Lieber Herr Vettel,

ich gratuliere Ihnen sehr herzlich zum zweiten Weltmeistertitel in der Formel 1.

Bereits vier Rennen vor dem Ende der Saison war Ihnen der Triumph nicht mehr zu nehmen. Mit fahrerischem Können und mentaler Stärke haben Sie die gesamte Saison grandios gemeistert und die Fans begeistert.

Ich freue mich mit Ihnen über diese beeindruckende Leistung und wünsche Ihnen für die kommende Saison weiterhin viel Glück und Erfolg.

Bitte übermitteln Sie meine besten Glückwünsche auch an Ihr Team zum Gewinn der Konstrukteurs-Weltmeisterschaft.

Mit freundlichen Grüßen
Angela Merkel

ANGELA MERKEL wurde am 17. Juli 1954 in Hamburg geboren. Die Tochter eines Pfarrers und einer Lehrerin wuchs mit zwei Geschwistern in Templin (DDR) auf. Sie studierte nach dem Abitur in Leipzig Physik und arbeitete anschließend als wissenschaftliche Mitarbeiterin am Zentralinstitut für physikalische Chemie an der Ostberliner Akademie der Wissenschaften. 1986 promovierte Angela Merkel zur Dr. rer. nat. Ende 1989 wurde Merkel im Demokratischen Aufbruch aktiv, der sich für die deutsche Einheit einsetzte. Der letzten DDR-Regierung gehörte sie als stellvertretende Regierungssprecherin an. Nach der Wende war Merkel zunächst im Bundespresse- und Informationsamt tätig, bevor sie als frischgewählte Bundestagsabgeordnete von Helmut Kohl überraschend zur Ministerin für Frauen und Jugend ernannt wurde. 1994 übernahm Merkel das Umweltministerium. Nach dem rot-grünen Wahlsieg 1998 wurde sie Generalsekretärin der CDU, 2000 folgte die Wahl zur Parteivorsitzenden. Aus den vorgezogenen Neuwahlen im September 2005 ging Angela Merkel gegenüber Gerhard Schröder als Siegerin hervor. Seit dem 22. November 2005 amtiert sie als erste Bundeskanzlerin Deutschlands.

Angela Merkel und Sebastian Vettel: Mit Siegen kennen beide sich aus. Ihre Titel – Vettel als Formel-1-Weltmeister, Merkel als Bundeskanzlerin – haben beide schon erfolgreich verteidigt. Das ist in der Formel 1 (wie in der Politik) nicht selbstverständlich, eine Erfolgssträhne kann da schnell vorbei sein. Für die Formel 1 galt das in der Ära vor Vettel in besonderem Maße: In den Jahren nach Michael Schumachers Rekordserie von fünf Weltmeisterschaften in Folge hatte es nur Fernando Alonso geschafft, seinen Titel einmal zu verteidigen. Dann kamen die Weltmeister Kimi Räikkönen, Lewis Hamilton, Jenson Button – allesamt Champions für ein Jahr. Das liegt im hochsensiblen Formel-1-Geschäft natürlich nicht nur an der Persönlichkeit und dem Talent der Fahrer. Minimale Änderungen in der Konstruktion des Rennwagens für die neue Saison können den Unterschied zwischen Sieg und Niederlage ausmachen. Ist der neue Wagen technisch unzuverlässig und fällt häufig aus, können die Rundenzeiten noch so gut sein – der Titel geht verloren. Und schließlich kommt die menschliche Komponente hinzu: Nervenstärke, Fitness, Konzentrationsfähigkeit und Trainingsintensität machen den Champion, wie auch in jedem anderen Sport. Die wenigsten Formel-1-Weltmeister konnten die Erfolgserwartungen, die an sie gestellt wurden, in der folgenden Saison erfüllen.

Erst mit Sebastian Vettel wurde das wieder anders. 2009 noch Zweiter hinter Button, konnte er in den beiden darauffolgenden Jahren den Meistertitel für sich verbuchen. Der kometenhafte Aufstieg des Youngsters, der 2006 als dritter Fahrer in die Formel 1 eingestiegen war, kam für einige überraschend. Denn noch etwas haben Merkel und Vettel gemeinsam: Beide wurden zunächst von vielen unterschätzt. Wie Angela Merkel, die gerne als „Kohls Mädchen" belächelt wurde, sich konsequent an die Parteispitze hocharbeitete und dort auch blieb, so zeigte der zu Anfang nicht minder spöttisch als „Bonsai-Schumi" betitelte Sebastian Vettel den Formel-1-Größen schnell, wo der Hammer hing – an seinem Rückspiegel nämlich, in dem er von Rennen zu Rennen mehr Konkurrenten hinter sich kleiner werden sah.

Aber der jüngste Doppelweltmeister aller Zeiten ist keiner, dem der Erfolg zu Kopf steigt. Sein freundliches Gemüt, sein Humor und seine Offenheit haben ihn zum Liebling der Medien wie der Fans gemacht. Nicht nur die Deutschen sind deshalb Vettel-Fans, auch im Ausland wird der Heppenheimer geschätzt. In der legendären BBC-Autosendung „Top Gear" etwa begeisterte Sebastian Vettel die Briten mit perfekten Englischkenntnissen – Vettel kann diverse englische Dialekte imitieren – ebenso wie mit seiner guten Laune und seiner Vorliebe für den englischen Humor in der Tradition von Monty Python. Und wer als Deutscher das Herz der Briten gewinnt, kann alles gewinnen. Wie zum Beweis fuhr Sebastian Vettel am Ende der Sendung noch die schnellste Rundenzeit auf der traditionellen Top-Gear-Teststrecke ein, die jemals von einem Showgast erreicht wurde. Nicht in seiner „Kinky Kylie", wie Vettel sein 2011er-Weltmeisterauto RB7 liebevoll nannte, sondern in einem gebrauchten japanischen Kompaktwagen Suzuki Liana. Ein echter Weltmeister kann alles fahren.

Angela Merkel an SEBASTIAN VETTEL

SEBASTIAN VETTEL kam am 3. Juli 1987 in Heppenheim zur Welt. Bereits mit sieben Jahren startete er bei seinen ersten offiziellen Kartrennen. Nachdem er bei der Kart-EM 2001 Junioren-Europameister geworden war, nahm er die nächsten Stufen der Rennfahrerkarriere: 2003 Einstieg in der Formel BMW, 2004 Sieg in der Formel BMW mit 18 Erfolgen in 20 Rennen, 2005 Gesamtfünfter in der Formel-3-Euroserie, 2006 erste Testfahrten in der Formel 1 für BMW. Im Juni 2007 startete Sebastian Vettel dann in der Formel 1 richtig durch: Er gab für den verletzten Kollegen Robert Kubica in Indianapolis sein Formel-1-Debüt. Bei seinem ersten Grand Prix holte er einen WM-Punkt – und wurde mit 19 Jahren zum jüngsten Formel-1-Piloten, der es jemals in die Punkteränge geschafft hatte. Ende Juli 2007 wechselte Vettel als Stammfahrer zum Rennstall Toro Rosso. Beim Grand Prix von Monza im folgenden Jahr gelang ihm sein erster Sieg – wieder war er der Jüngste und diesmal, mit 21 Jahren, der jüngste GP-Sieger aller Zeiten. Er verließ das Team Toro Rosso zur Saison 2009 und fuhr fortan als Nachfolger von David Coulthard im Team Red Bull Racing. In seinem ersten Jahr dort wurde er Vizeweltmeister hinter Jenson Button und erhielt deshalb im darauffolgenden Jahr den Status der Nummer 1 bei Red Bull. Trotz harter Konkurrenz arbeitete sich Vettel in der Saison 2010 immer weiter an sein Ziel heran – das er schließlich beim Rennen in Abu Dhabi spektakulär und mit etwas Glück erreichte: den WM-Titel. 2011 sicherte er sich die Weltmeisterschaft bereits vier Rennen vor dem Ende der Saison beim Großen Preis von Japan in Suzuka. Damit ist Sebastian Vettel nun auch noch der jüngste Doppelweltmeister aller Zeiten.

ONE TEAM

QUELLENNACHWEISE

Quellennachweise

S. 12	Geheimes Staatsarchiv Preußischer Kulturbesitz, I. HA Rep. 77 Innenministerium, Tit. 25 K Lit. J Nr. 1 Bd. 2, Bl. 21–22); wissenschaftliche Beratung: Dr. Josef Ulfkotte
S. 20	© Karl Rathjen; wissenschaftliche Beratung: Prof. Dr. Hans Joachim Teichler
S. 26	© Stiftung Deutsches Historisches Museum, Berlin; wissenschaftliche Beratung: Prof. Dr. Hans Joachim Teichler
S. 32	© Andreas Hirsch
S. 38	© HSV Museum
S. 44	© Stiftung Haus der Geschichte der Bundesrepublik Deutschland, Bonn
S. 50, 52	Fundstelle: Archiv der Gräflich Berghe von Trips'schen Sportstiftung zu Burg Hemmersbach, Nr. 983; veröffentlicht in: Wolfgang Graf Berghe von Trips. Biografie von Reinold Louis, Greven Verlag Köln 1989
S. 58	© Armin Hary
S. 64, 67, 68	© Doping-Opfer-Hilfe Weinheim e.V.
S. 72	© Archiv Willi Daume der Deutschen Olympischen Akademie, Mappe 74.8, Olympische Spiele 1972 in München – Organisationskomitee
S. 80	© Susanne van Griensven
S. 86	© Fritz Baumbach
S. 90, 92, 98	© Frank Scheffka; Unterstützung und wissenschaftliche Beratung: Prof. Dr. Claus Tiedemann
S. 100	© Max-Schmeling-Stiftung
S. 106	© BILD
S. 112	© SSC SPORTS & SALES CONSULTING GmbH
S. 118	© Wolfgang Karger
S. 124, 128	© Matthias Steiner
S. 130	© Maria Höfl-Riesch
S. 136	© Bundespresseamt
Cover	von Trips/Hébert: Fundstelle: Archiv der Gräflich Berghe von Trips'schen Sportstiftung zu Burg Hemmersbach, Nr. 983; veröffentlicht in: Wolfgang Graf Berghe von Trips. Biografie von Reinold Louis, Greven Verlag Köln 1989 Seelenbinder: © Stiftung Deutsches Historisches Museum, Berlin Wernsdorf: © Susanne van Griensven Sperling: © Doping-Opfer-Hilfe Weinheim e.V.

Bildnachweise:

S. 7	© Andreas Kühlken
S. 9	© Philipp von Hessen
S. 15	© bpk
S. 18	© bpk
S. 23	© bpk
S. 24/25	© Archiv creAtiv/Albert Meyer
S. 29	© Stiftung Deutsches Historisches Museum, Berlin
S. 35, 36	© Andreas Hirsch
S. 41	© picture alliance/Lothar Heidtmann
S. 43	© bpk/Hanns Hubmann
S. 46/47, 49	© bpk/Horst E. Schulze
S. 55, 56	© Getty Images
S. 61	© AFP/Getty Images
S. 62	© picture alliance/dpa

S. 71	© imago/Picture Point
S. 74/75	© imago/Frinke
S. 77	© bpk/Charles Wilp
S. 78	© bpk/Hanns Hubmann
S. 83	© Bob Thomas/Getty Images
S. 84	© Bongarts/Getty Images
S. 85	© Uwe Kanty
S. 88, 89	© Fritz Baumbach
S. 95, 96	© Archiv creAtiv
S. 99	© Archiv creAtiv/Peter Frenkel
S. 102	© Getty Images
S. 104	© picture alliance/dpa
S. 109	© Getty Images
S. 110	© Getty Images
S. 111	© picture alliance/dpa
S. 114	© SSC SPORTS & SALES CONSULTING GmbH
S. 117	© picture alliance/Pressefoto ULMER
S. 121, 122	© Bongarts/Getty Images
S. 123	© Wolfgang Karger
S. 127	© Matthias Steiner
S. 129	© Getty Images
S. 133	© MHM/maria.com.de
S. 135	© picture alliance/dpa
S. 138	© Bundespresseamt
S. 140, 141	© Rainer W. Schlegelmilch

bpk = Bildarchiv Preussischer Kulturbesitz

Cover	Schmeling: © Getty Images Turnriege: © Archiv creAtiv/Albert Meyer Meyfahrt: © Bob Thomas/Getty Images von Trips: © Getty Images Brand: © Bongarts/Getty Images Seeler: © picture alliance/Lothar Heidtmann Hary: © AFP/Getty Images Lehmann: © picture alliance/Pressefoto ULMER Seelenbinder: © Deutsches Historisches Museum, Berlin Jahn: © bpk Vettel: © Rainer W. Schlegelmilch Bergmann © Archiv creAtiv Steiner: © Matthias Steiner Höfl-Riesch: © MHM/maria.com.de
	Karasek (Klappe): © Philipp von Hessen

Wir haben uns bemüht, bei der Einholung der Abdruckrechte sorgfältig zu arbeiten. Sollte dennoch jemand seine Rechte verletzt sehen, so wende er sich bitte an den Verlag.